KB266817

하루 30분,
내 인생 주인공 되는 시간

하루 30분,
내 인생 주인공 되는 시간

하루 30분,
내 인생 주인공 되는 시간

일상의 주도권을 되찾는 번아웃 탈출법

초 판 1쇄 2026년 03월 24일

지은이 한그루
펴낸이 류종렬

펴낸곳 미다스북스
본부장 임종익
편집장 이다경, 김가영
디자인 윤가희, 임인영, 윤영빈
책임진행 이예나, 안채원, 김은진, 국소리, 송가희

등록 2001년 3월 21일 제2001-000040호
주소 서울시 마포구 양화로 133 서교타워 711호, 808호
전화 02) 322-7802~3
팩스 02) 6007-1845
블로그 http://blog.naver.com/midasbooks
전자주소 midasbooks@hanmail.net
페이스북 https://www.facebook.com/midasbooks425
인스타그램 https://www.instagram.com/midasbooks

ⓒ 한그루, 미다스북스 2026, *Printed in Korea*.

ISBN 979-11-7355-822-1 03190

값 18,500원

미다스북스는 다음세대에게 필요한 지혜와 교양을 생각합니다.

하루 30분,
내 인생 주인공 되는 시간

한그루 지음

일상의 주도권을 되찾는 **번아웃** 탈출법

미다스북스

나의 일상은 햄스터와 닮았다.

쳇바퀴 통에 들어가 뛴다.

내가 뛸수록 쳇바퀴는 빠르게 돈다.

언제부터였을까.

일이 내 삶을 끌고 있었다.

열심히 살고 있었지만 뭐 하느라 그리 바쁜지 몰랐다.

거창한 목표나 성공이 아니어도 된다.

하루의 주인공이 되고 싶었다.

내 인생 주인공으로 살기.

한 문장을 썼다.

나를 잊고 살아왔던 시간을 되짚었다.
의사라는 직업 뒤에, 딸이라는 역할 뒤에,
늘 밝고 건강한 사람이라는 이미지 뒤에 숨어 있던
나를 꺼냈다. 글을 쓰며 털어놓았다.

글을 쓴다는 것은 나를 주인공으로 만들었다.
바쁜 하루 속에서 내가 무엇을 느끼고 있는지
스스로에게 알려주었다.
어디를 향하고 있는지 볼 수 있었다.

내 인생 주인공으로 사는 것은

특별한 사람으로 변신하는 것이 아니다.

나답게 살아가는 연습이다.

관객이 없어도 상관없다. 박수가 없어도 괜찮다.

중요한 건 내 무대 위에 서 있다는 것이다.

내 삶에서
내가 사라지는 순간

나의 일상은 햄스터와 닮았다. 쳇바퀴 통에 들어가 뛴다. 누가 통을 돌리지도 않았다. 내가 뛸수록 쳇바퀴는 빠르게 돈다. 심장이 터질 때쯤 통에서 내려온다. 물을 마시고 먹이를 먹는다. 다시 쳇바퀴로 들어간다. 몇 번 반복하다가 잠든다. 몇 달이 흘렀는지도 모른다.

어릴 때 일기를 자주 썼다. 저녁에 책상 앞에 앉아 생각나는 대로 끄적거렸다. 친구들과 편지도 주고받았다. 내용은 다르지 않았다. 편지지를 두고 펜이 가는 대로 됐다. 소설도 썼다. 좋아하는 배우와 나를 주인공으로 이야기를 만들었다.

어른이 되어 내가 쓴 소설을 읽었다. 손발이 오그라들었다. 책장 구석에 보이지 않게 넣었다. 그 소설을 다시 꺼내 읽지는 않았지만 이 책을 쓰게 된 이유를 남겼다. 글을 쓴다는 것은 나를 주인공으로 만들었다. 바쁜 하루 속에서 내가 무엇을 느끼고 있는지 스스로에게 알려주었다. 어디를 향하고 있는지 볼 수 있었다. 지금보다 내 삶에 집중한 때였다.

2023년 3월 1일 대학병원 인턴이 되었다. 응급실에 허리를 곧게 펴고 앉았다. 모니터를 보며 떨리는 손을 키보드 위에 올렸다. 응급실에서 본 첫 환자에 대해 진료 차트를 썼다. 첫 문장을 몇 번이나 고쳤는지 모른다. 겨우 한 환자를 끝냈는데 연이어 몇 명이 들어왔다. 그렇게 인턴이 시작되었다. 병원과 기숙사를 오가며 몇 달이 지났다. 파란 병원복을 입고 다니는 사람 중 한 명이 되었다. 나의 이름은 온데간데없고 인턴이라고만 불렸다. 환자들이 불편하든 말든 할 일만 했다. 일만 잘하는 인턴이 되었다. 인턴 성적 일 등. 어깨가 으쓱거리고 입초리가 올라간 것도 단 하루뿐이었다.

생일 저녁. 36시간 근무 후 퇴근이었다. 약속도 없었다. 집에 들어가자마자 차가운 바닥에 누웠다. 등골이 오싹했지만 일어날 힘이 없었다. 들리는 건 냉장고 소리뿐이었다. 그대로 잠들었다. 알람이 울렸다. 다시 출근 시간이었다. 오랜만에 거울 앞에 섰다. 인턴을 하기 전과 다른 모습이었다. 피부는 푸석하고 미간과 입가에 주름이 가득했다. 눈과 입은 처져 있었다. 복근은 사라지고 곰돌이 배만 있었다. 먼지 쌓여 있던 체중계에 올라갔다. 신체 나이가 2년 만에 다섯 살 더 먹었다. 그래서 이렇게 피곤했나. 거울 앞에 다시 섰다. 2년 전 사진을 번갈아 봤다. 언제부터였을까. 일이 내 삶을 끌고 있었다. 열심히 살고 있었지만 뭐 하느라 그리 바쁜지 몰랐다. 인턴이 끝나갈 무렵 사막 한복판에 서 있는 기분이 들었다.

의사가 되고 첫 병원 앞에 섰던 때를 떠올렸다. 심장이 튀어나올까 봐 두 손으로 가슴을 눌렀다. 손바닥에서 쿵쾅거리는 진동이 사라져갈 때 병원으로 들어갈 수 있었다. 다시 그때의 나를 찾고 싶었다. 거창한 목표나 성공이 아니어도 된다. 하루의 주인공이 되고 싶었다. 내 인생 주인공으로 살기. 한 문장을 썼다. 다음 날은 두 문장, 그다음 날은 세 문장을 썼다. 그렇게 글을 한 편씩 썼다. 아침에 달리기도 시작했다. 야식도 줄였다. 먹고 잔 날은 아침에 뛰기가 힘들었기 때문이었다. 아침에 달리기를 하고 출근해서 그런가? 다시 병원 앞에 서면 두근거릴 때가 생겼다.

나를 잊고 살아왔던 시간을 되짚었다. 의사라는 직업 뒤에, 딸이라는 역할 뒤에, 늘 밝고 건강한 사람이라는 이미지 뒤에 숨어 있던 나를 꺼냈다. 글을 쓰며 털어놓았다. 운동을 하면서 망가진 몸을 일으켰다. 반나절 여행을 시작했다. 바다를 보며 나를 들여다보지 못하게 하는 것을 씻어냈다. 때론 가족과 함께 시간을 보내며 마음을 데웠다. 일에 끌려다니던 내가 스스로 무엇이든 시작하게 되었다. 내가 나를 살아가는 이야기. 누군가에게 평가받지 않는 나만의 삶. 매일 정해진 일상을 반복하면서도 나의 감정을 잃지 않는다. 사소한 일상에 의미가 생긴다. 나만의 일상이니까.

나 자신과 가까워지는 날이 많아졌다. 퇴근하는 길에 종일 받았던 스트레스를 어깨에 메고 집으로 갔었다. 집에 들어가자마자 바닥에 드러누웠다. 그렇게 저녁을 보냈다. 이제는 어깨를 누르던 짐을 병원에 두고 나올 수 있게 되었다. 혼나고 무시받는 건 어쩔 수 없지만 그것이 내 마음에 자리 잡게 하지 않게 노력했다. 집에서 멍하니 누워 있는 시간이 줄었다.

내 인생 주인공으로 사는 것은 특별한 사람으로 변신하는 것이 아니다. 나답게 살아가는 연습이다. 누군가가 나를 챙겨주길 기다리지 말고 스스로 안아주면 된다. 남 탓하지 않는다. 상황 때문에 어쩔 수 없다고 핑계 대지 않게 된다. 그렇게 내 삶을 내 손에 쥐는 연습을 하면 일상이 달라진다. 가족, 친구, 선생님도 나를 주인공으로 살게 도와줄 수 있다. 도와달라고 먼저 손 내밀면 된다. 나를 주인공으로 살게 한다. 그 덕분에 다시 쓰게 된 내 인생. 전보다 단단해졌다.

이 책은 다시 나를 찾게 했다. 내 모습대로 살아가는 길을 보여줬다. 여전히 매일 흔들리지만, 오늘도 내가 선택한 하루를 살아간다. 아침에 일찍 눈을 뜨고 내 삶의 무대에 오른다. 관객이 없어도 상관없다. 박수가 없어도 괜찮다. 중요한 건 내 무대 위에 서 있다는 것이다.

사라진
내 삶의 주인공
되찾는 방법

"열심히 하려고 할수록
쳇바퀴는 더 빠르게 돌아갔다."

1

멈추지 못하는 하루가
보내는 경고

"살아갈 삶을 넓게 바라본다면

지금 하고 있는 일에만 파묻힐 필요가 없다."

30대 중반, 의대에 입학했다. 동기들보다 열 살 정도 많았다. 수업을 따라가지 못할까 봐 매일 전전긍긍하며 학교를 다녔다. 하루도 마음 편히 잠자리에 든 적이 없었다. 잠자리에 들면 '공부를 더 하고 자야하는 건 아닐까?'라는 생각이 많이 들었다. 본과 1, 2학년은 아침 8시부터 오후 5시까지 수업이 있었다. 고등학교 수업 시간표와 유사하다. 고등학생 때는 공부하고 싶은 과목은 열심히 하고, 그렇지 않은 과목은 대충 했다. 교실에서 가능하면 선생님이 잘 보이지 않는 자리를 골랐다. 그때와 달라지기로 했다. 매일 교탁 바로 앞

자리에 앉았다. 무슨 수업이든 열심히 들었다. 쉬는 시간이면 옆에 앉은 동기에게 수업시간에 이해하지 못한 부분을 물었다. 학창 시절에는 "지각은 한그루이다."라고 친구들이 놀렸다. 지각쟁이가 달라졌다. 수업 10분 전, 교실에 들어와 맨 앞자리에 앉았다.

건축과 다닐 때, 밤샘 작업을 많이 했다. 예술가가 되려면 밤에 떠오르는 영감을 받을 줄 알아야 한다고 선배들이 말했다. 사실 핑계였다. 동기들과 노닥거리며 작업실에 오래 머물고 싶었다. 해가 뜰 무렵, 작업실을 빠져나와 집으로 갔다. 당연히 첫 수업 시간인 9시 전에 일어날 수 없었다. 1교시가 있는 날은 늘 지각했다. 한번은 아침 8시에 시험을 본 적이 있었다. 아침에 일어날 자신이 없어 작업실에서 꼬박 밤을 새고, 시험을 보러 갔다. 하지만 나는 의대 입학하면서 달라졌다. 지각을 하지 않으려고 노력했다. 과제 마감 기한도 잘 지켰다. 매일 수업이 끝나면 복습을 했다. 노빠꾸. 큰맘 먹고 시작한 새로운 일, 꼭 해내고 싶었기 때문이었다.

졸업 후, 척추전문병원에 취직했다. 신경외과 병원장의 일을 돕는 업무였다. 대학병원의 레지던트와도 비슷한 일이었다. 외래 진료 보조, 병동 환자 케어, 컨퍼런스 발표 등이었다. 의대에서 신경외과 실습은 고작 일주일이었다. 임상 이

　　　　　제 1 장

론 수업은 10시간 남짓 들었다. 그것도 3년 전이었다. 기억 저편에서 겨우 수업 내용을 꺼냈지만, 물에 젖은 노트처럼 무슨 내용인지 알 수 없었다. 신경외과 의학 용어, 인체 신경 해부학 등 기억이 나지 않았다.

아침 7시부터 저녁 6시까지 근무 시간 동안 밥 먹는 20분 외에는 일하고 틈틈이 공부했다. 퇴근하고 저녁 식사 후에도 책상 앞에 앉아서 교과서를 봤다. 당장 다음날 하는 수술에 대해서 알아야 했다. 매일 아침 컨퍼런스에 참여해서 진단, 치료 계획, 수술 전과 후 케어 계획에 대한 내용을 알아들어야 했다. 첫 한 달 동안 나만 다른 별에서 온 사람 같았다. 다른 사람들의 말이 외계어같이 귀를 스쳐 지나갔다. 환자보다 질병과 치료법을 모를 때가 많았다. 일하면서 배우고, 또 배웠다. 온종일 일만 생각했다. 틈틈이 머릿속에 교과서 내용을 구겨 넣었다. 주말에도 반나절 이상 쉬면 마음이 불편했다. 집에서 쉬다가 벌떡 일어나 책을 들고 도서관이나 카페로 간 적이 한두 번이 아니었다. 놀러갔다가 늦게 들어와도 졸린 눈을 힘주어 뜨고 책을 펴, 몇 자라도 보고 잤다.

예전에는 일주일에 다섯 번 이상 친구들과 약속이 있었다. 주말은 무조건 나가서 놀았다. 의대를 가서 변했다. 친구들과 한 달에 한 번 정도 만났다. 늘 쫓기듯 살았다. 아침 7시부터 자정까지 학교에 있었다. 수업을 듣고, 도서관에서 공부했다. 자연스레 학교 외 친구들과 연락이 줄었다. 여름 한 달, 겨울 한 달 방학에는 학교를 벗어났다. 방학 때만이라도 전처럼 친구들도 만나고 여행도 갔다. 돌아보니 방학 덕분에 쳇바퀴에서 잠시 나올 수 있었다. 다음 학기에도 힘껏 뛸 수 있게 힘을 저장해주었다.

인턴으로 취직한 후에는 병원에서 벗어나는 방법을 까먹었다. 다른 친구들보다 조금 늦게 시작해서였을까? 누구도 내게 시키지 않았지만, 쫓기듯 일만 하고 살았다. 마흔 넘어 취직할 때, 면접관마다 공통적으로 물어보는 것이 하나 있었다.

"취직을 하게 되면, 상사가 훨씬 나이가 어립니다. 시키는 일, 잘할 수 있겠어요?"

"네! 잘할 수 있습니다. 다년간 사회생활에서 누구도 나이를 물어본 적은 없습니다. 대신, 직위는 꼭 물어봅니다. 속한 사회 내에서 나의 직위에 따른 역할을 잘 감당하는 것이 당연한 직업윤리라고 생각합니다."

질문했던 사람뿐만 아니라, 다른 면접관들의 입가에 미소가 번졌다. 합격 통보를 받았다. 면접이 끝난 후, 고민이 생겼다. 이런 질문을 받는 건, 한국 내 어떤 사회에서도 40세의 막내는 받아들이기 쉽지 않다는 뜻은 아닐까? 힘들 때마다

제 1 장

그 질문이 귓가를 맴돌았다.

업무 시간 내에 시간이 생기면 당직실에서 쉴 수 있었다. 컴퓨터도 있어 일을 할 수도 있었다. 다른 동기들은 함께 모여 앉아 간식을 먹으며 이야기를 나누었지만, 나는 컴퓨터 앞에 앉아서 일을 했다. 어느 날, 당직실에 한 동기가 들어와 내 옆에 의자를 가져와 앉았다.

"쌤은 늘 바빠 보여서 말 걸기가 힘들어요!"라고 말했다. 평소 친하게 지내고 싶었던 동기였다. 내 나이가 많아서 다가오기 힘든 줄 알았다. 사실은 햄스터처럼 쳇바퀴에서 계속 뛰고 있어서 말 걸 시간이 없었던 것이었다. 인턴 첫 3개월 동안 친한 동기 하나 사귀지 못한 이유를 알게 되었다. 시간이 갈수록 점점 지쳐갔다. 할 일이 쌓여 있을 때, 누가 옆에 와서 말 걸면 인상부터 썼다. 여유가 필요했다. 당직실에 갈 때만이라도 쳇바퀴에서 내려오기로 했다. 컴퓨터를 등지고 앉았다. 어떤 날은 커피 몇 잔, 또는 간식거리를 들고 들어갔다. 다른 인턴 틈에 앉았다. 커피와 간식을 나눠 먹었다.

한 인턴이 욕을 하며 당직실로 들어왔다. 우리는 금세 자리 하나를 비웠다. 비운 자리에 앉았다. 눈을 질끈 감고 뜨더니 우리를 쳐다봤다. 입을 열었다. ○○병동 간호사가 열 통 넘게 전화한 사건을 이야기하기 시작했다. 며칠 전 내가 겪었던 일과 비슷했다. 고개를 끄덕이다가 그 인턴의 어깨를 토닥였다. 나에게만 일어나는 일이 아니라고 생각하니 마음 한편이 편해졌다. 퇴근 후에 동기 인턴들과 한잔 하기로 했다. 오후에 할 일이 산더미처럼 쌓였지만, 퇴근하고 맛집 갈 생각하니 '별거 아니다.' 싶었다.

남들보다 나이가 많아서 무슨 일이든 잘해야 한다는 강박에 사로잡혔다. 햄스터처럼 스스로 쳇바퀴에 들어갔다. 열심히 하려고 할수록 쳇바퀴는 더 빠르게 돌아갔다. 온몸은 긴장되었고, 빠르게 움직였다. 옆을 돌아볼 새도 없었다. 점점 주변에 사람이 없어졌다. 원래 나는 친구들 만나는 걸 좋아했다. 사람들과 함께 일하는 것을 즐겼다. 진짜 나는 사라졌다. 인턴으로서 할 일을 하는 나만 남았다. 내 모습을 잃은 채 언제까지 버틸 수 있을까? 잠시 쳇바퀴를 빠져나왔다. 동기들 틈에 끼어 앉았다.

나만 일이 중요한 게 아니었다. 다른 이들도 마찬가지였다. 한 번씩 여유를 가지고 함께 뛰는 사람들과 시간을 가지는 건 어떨까? 살아갈 삶을 넓게 바라본다면 지금 하고 있는 일에만 파묻힐 필요가 없다. 누구보다 빨리 성공을 이루고 싶은 마음은 누구에게나 있다. 그보다 중요한 것은 스스로 원하는 모습과 삶을 이루어가야 한다는 것이다. 한 번씩 주변을 돌아보고 함께 가는 이들과 서로 기대면 나를 잃지 않을 수 있다. 밀어주고 끌어줄 수도 있다.

2

꿈을 향해 노력하는 하루

"노력하는 하루가 모여

꿈이 현실이 되는 날이 언젠가 온다."

친구들이 의사가 되면 꽃길이 펼쳐질 거라고 했다. 힘든
의대 생활을 버티게 해준 한마디였다. 의사면허 따는 날만
손꼽아 기다렸다. 30대 중반, 의사가 되기로 결심했다. 십 년
간 하던 건축을 그만두고, 의대 입시 준비를 시작했다. 첫해
는 모아둔 돈으로 학원을 다녔다. 첫 번째 시험에서 떨어지
고, 다시 시험을 준비하려니 돈이 필요했다. 내 가정을 이루
고 꾸려야 할 나이에 학교 간다고 부모님께 손을 벌리려니
입이 쉽게 떨어지지 않았다. 동갑이었던 학원 선생님의 도움
으로 6개월간 강의를 무료로 들었다. 이번에는 꼭 될 거라며

도와주고 싶다고 했다. 본인은 이 나이에 새로운 일을 할 수 있을 거라 생각도 못 한다고 했다. 나를 보며 꿈은 나이를 보지 않는다는 생각이 처음 들었다고 했다. 합격하여 자신의 꿈도 이루어 달라고 했다. 생활비만 부모님께 손을 벌렸다. 합격 후에는 학자금 대출 등을 알아보고 알아서 다닐 거라고 걱정 말라고 했다.

마흔에 의사면허를 땄다. 주변 의사들은 늦은 나이에 의대를 들어가는 건 미친 짓이라고 했다. 노력 대비 돈을 벌 수 있는 시간도 적다며 다시 한 번 생각해보라고 했다. 수학처럼 계산이 되지 않았다. 하고 싶은 일, 그냥 시작했다. 의대를 다니면서 빚은 눈덩이처럼 불어났다. 월세방도 부모님이 구해줘야 할 만큼 형편이 좋지 않았다. 친척들이 부모님 힘들다고, 결혼이나 하라며 말렸다. 명절이 되면 부모님은 어깨를 움츠렸다.

'2023년 1월 18일, 의사면허에 최종 합격하였습니다.'

주변 이들에게 축하를 받았다. 고생한 부모님께도 감사 인사를 드리며 이제부터 용돈 꼭 드리겠다고 약속했다. 십 년 만에 4대 보험 나오는 직장에 취직했다. 오랜만에 두 다리 뻗고 잘 수 있었다. 근무 시작 전, 한턱 쐈다. 아빠를 아빠의 친구들과 해외여행을 보내드렸다. 엄마는 나와 함께 일본 홋카

이도로 5일간 여행을 떠났다. 여행을 가기 전, 사촌언니가 돈 낼 테니 이모도 데리고 가 달라고 했다. 이번에는 절대 안 된다고 했다. 그동안 고생한 엄마를 위한 여행이라서 둘만 가고 싶다고 했다. 여행지에서 이런 마음은 까맣게 잊은 채, 싸웠다. 아니, 일방적으로 내가 짜증을 냈다. 계획한 대로 일정이 풀리지 않으면 신경질을 냈다. 엄마는 여행 내내 한결같이 웃고 있었다. 나중에 물어보니 힘들었던 거 다 풀어질까 싶어서 참았단다. 나는 늘 용서받고 위로받았다. 부모님은 항상 내 삶을 밝게 해주려고 노력했다. 넘어질 때마다 왜 나한테만 이런 일이 생기냐며 투덜거렸다. 부모님이 위로할 때마다 철부지처럼 부모님 가슴에 못 박았다.

"어차피 내 인생이에요! 나만큼 내 인생에서 슬퍼하고 아파할 사람 없다고요! 부모님이 아파봤자, 부모님 인생은 안 바뀌어요. 내 인생이 바뀌는 거지!"

40세 이전에 내 손은 고왔다. 손에 물 한 방울 안 묻혀 본 사람 손 같았다. 인턴이 끝날 무렵, 손은 막 노동꾼처럼 거칠어지고, 손가락 마디가 굵어졌다. 인턴 의사는 병원에서 환자 상처 소독, 관리, 수술실 전중후 모든 과정에서 환자 옆을 지킨다. 수술실 준비, 나보다 2~3배는 무거운 검사 기계도 옮긴다. 수술 중 가장 단순한 업무를 돕기도 한다. 하루 중 몇 번을 들어가고, 수십 명의 병동 환자들 케어하면서 백 번 넘게 손을 씻고 또 씻는다. 나만의 위생이 아니고, 환자 안전을 위해서이다. 얼마나 씻어댔는지 주름 없던 손이 반년 만에 거칠어졌다.

어린 시절부터 부모님은 항상 가족이 최우선이었다. 아빠는 24세에 아빠가 되어 40년간 한 직장에서 근무하셨다. 이것도 모자라 퇴직 후에는 동생 일을 돕고 있다. 엄마는 뭐든 도전하는 사람이었다. 22세에 엄마가 되어 피아노학원을 운영하셨다. 오픈 후, 5년이 채 되지 않아 원생 수는 100명이 훌쩍 넘었다. 학원은 점점 커졌지만, 정리했다. 나와 동생을 명문 중, 고등학교를 보내기 위해 학군이 좋은 동네로 이사 가기 위해서였다. 부모님 덕분에 남들보다 늦은 나이임에도 불구하고 의사가 되었다.

주변에서 의사 자식 됐으니 남은 인생, 팔자 폈다고 했다. 의대 진학을 말리던 친척들도 그동안 수고했다며 축하 메시지와 용돈을 보내줬다. 합격의 달콤함은 한 달도 가지 않았다. 병원에 취직하면서 새로운 의대 생활이 시작되었다. 책상 앞에 앉아서 편하게 책 보던 때가 그리웠다. 양말에 구멍 나도록 병원을 쫓아다녔다. 모형에만 해보던 채혈, 상처 소독, 봉합 등을 환자에게 했다. 처음에는 손이 덜덜 떨렸다.

선배들을 따라다니며 보고 배웠다. 내가 하는 것을 지켜봐달라고 했다. 피드백을 받고 수정하기를 반복했다.

공부할 것도 많았다. 첫 직장은 척추전문병원이라 척추에 관한 교과서를 봐야 했다. 진료를 보면서 환자의 말을 경청하되, 진단에 필요한 내용을 찾아야 했다. 그러려면 적절한 질문을 해야 했고, 신체 진찰에서 문제를 찾을 수 있어야 했다. 교과서뿐만 아니라 매일 만나는 환자들을 통해 배워야 했다. 매일 12시간 이상 일하고, 저녁 때는 공부를 했다. 버는 돈은 모두 의대 다니면서 진 빚을 갚는 데 써야 했다. 부모님께 빚이 어느 정도 줄 때까지는 용돈을 드릴 수 없겠다고 미안하다고 말해야 했다.

"여러분, 제 부모님 보세요! 그냥 평범한 가정 이루고, 평범하게 살아가는 자식 둔 게 복입니다. 평범하게 살기가 제일 어렵더라고요."

그럼에도 불구하고, 부모님은 친구들에게 나를 자랑했다. 우리 딸이 해냈다고! 입꼬리는 올라가고 어깨는 펴졌다. 고개를 곧게 들었다. 친구들 모임에서 밥도 샀다. 나의 부모님께 '효도'라는 건 용돈을 드리는 것이 아니었다. 내가 좋아하고, 하고 싶은 일을 하면서 사는 것이었다. 어릴 때도 지금도 같았다.

하루 종일 실수하지 않으려고 온몸이 긴장된 채 굳어 있었다. 퇴근하면 전신 근육통으로 잠을 설칠 때도 많았다. 그래도 책상 앞에 앉아서 한두 시간은 책을 펴고 콧노래를 부르며 책장을 넘겼다. 의학 논문을 쉽게 찾고, 볼 수 있는 웹 사이트에 백만 원이나 주고 가입했다. 모르는 것이 있으면 찾아봤다. 보다가 잔 날도 많았다. 덜 읽은 부분은 모아놨다가 주말에 꼼꼼히 읽었다.

졸업 후, 주말에 골프 치러 갈 상상을 했다. 좋은 차를 타고 풍경 좋은 리조트에 놀러 갈 모습을 그렸다. 남들이 부러워할 꽃길이라고 생각했다. 의사가 된 후, 시간이 생기면 공부했다. 전날 밤에 글 한 자 보지 않고 출근한 날, 컨퍼런스에 참석하면 모깃소리처럼 목소리가 기어들어갔다. 공부를 하고 간 날은 어깨를 펴고 가다듬은 목소리를 냈다.

어쩌면 의대 졸업 후 빛은 좋은 의사가 되는 과정에 있는 거 아닐까? 매일 배우고, 성장하는 데 힘쓴다면 그 자체로 의미 있을 것이다. 노력하는 하루가 모여 꿈이 현실이 되는 날이 언젠가 온다. 의대를 갈 수 있을지 몰랐던 것처럼. 의사가 될 수 있을지 몰랐던 것처럼!

3

같이 걷는 성장의 길

"서로를 통해 성장할 수 있다.

나의 열정도 지킬 수 있다."

의대 졸업생 대부분은 대학병원에 전공의로 취직한다. 전공의는 인턴과 레지던트가 있다. 인턴은 1년 동안 각자 주어진 스케줄에 따라 여러 진료과를 순환하며 일한다. 레지던트는 인턴 과정을 마친 후, 특정 과에서 3~4년 동안 본격적인 교육 수련을 받는 과정이다. 수련을 받지 않고, 병원에 취직할 수도 있다. 이를 일반의라고 부른다. 많은 의대생들이 어떻게 할지 고민한다. 전공의 수련과정 4~5년 동안 매주 80시간 이상 일해야 하고, 최저 시급을 받기 때문이다. 일반의는 다르다. 근무시간을 선택할 수 있고, 급여도 더 많다. 그

"

럼에도 불구하고, 많은 의대생들은 전공의 수련과정을 선택한다. 전공의 과정을 거쳐 전문의를 따게 되면 평생 원하는 분야에서 일할 수 있기 때문이다.

전공의 생활이 엄두가 나지 않았지만, 나도 같은 이유로 대학병원 인턴으로 들어갔다. 평일에는 매일 12시간 근무와 일주일에 2~3번 당직이 있었다. 12시간 정규 근무 후, 12시간 밤에 당직을 서야 했다. 당직이 끝나면 다시 아침 정규 업무가 시작되었다. 당직인 날은 36시간 동안 병원에 있는 셈이었다. 밤 12시가 되기도 전에 당직실에 앉아서 꾸벅꾸벅 졸았다. 다른 인턴들은 야식을 시켜먹고 노닥거렸다. 캠핑 온 사람들처럼 신나 보였다. 하루는 같이 야식 먹으면서 쉬는 시간을 보냈더니 밤새 잠 한숨 못 잔 적이 있었다. 다음 날 정규 업무 시간에 졸려 죽을 뻔했다. 동기들보다 나이가 많다는 게 느껴졌다. 다음부터는 당직 콜이 없으면 무조건 누워서 쉬었다. 체력을 최대한 아껴 일할 때 쓰려고 노력했다.

인턴은 여러 과를 2~4주 간격으로 순환하며 일한다. 매일 정해진 일, 교수 또는 레지던트의 오더가 생기면 외래나 병동 간호사에게 전화를 받고 처리한다. 당직 때도 마찬가지다. 상태가 좋지 않은 환자들이 많은 날은 밤에 잠시 눈 붙일 시간도 없다. 저녁 6시부터 당직 시간이다. 당직 폰을 받자마자 하품이 나고, 몸이 무거워졌다. 전화벨이 울리면 짜증부터 났다. "별일 아니기만 해봐!"라고 한마디 뱉고 전화를 받을 때가 많았다. 새벽 3시, 당직실 침대에 누워 자는데 전화벨이 울렸다. 눈도 뜨지 못한 채 전화를 겨우 집어 들었다. 목소리가 나오지 않았다.

"선생님. ○○병동에 응급 코로나 검사가 있어요."

"네? 응급이요?"라고 말하고 입을 닫았다. 입을 열고 있다가는 욕이 새어 나올 것 같았다. 입술을 닫은 채, "네."라고만 하고 전화를 끊었다. 응급이란 말에 누워 있던 인턴이 놀라서 깼다.

"언니, 무슨 일이에요? 환자 숨넘어가요?"

"코로나 검사하러 오래."

나 대신 욕 한 바가지 퍼붓고 이불을 뒤집어썼다. 인턴 초기에는 뭐가 응급한지 아닌지도 구분 가지 않아서 전화 받는 즉시 일하러 갔다. 그러다 보면 잠 못 자는 날이 많았다. 다음 날 업무 중에 실수를 연발하곤 했다. 실수는 환자의 안전에 영향을 줄 수 있기에 절대 해서는 안 된다. 수술실에서 기구 하나 떨어뜨려도 교수의 불호령이 떨어졌다. 끊임없이 정신 차리려고 노력해야 했다. 새벽에 응급 코로나 검사라니! 잠에 취한 인턴을 바로 부를 수 있는 치트 키 "응급"이라는

단어를 썼다. 응급이 아닌 일에. 코로나 검사는 정해진 시간
에 한다. 전날 저녁부터 아침까지 모아진 검체는 아침 8시에
검사 기계를 돌린다. 나랑 싸우자는 건가. 새벽 3시에 응급
코로나라니. 다시 누워도 잠이 오질 않았다. 숨을 고르며 심
장이 천천히 뛰기를 기다렸다. 새벽 6시, 정규 근무 시간 알
람이 울렸다.

　내 생일날이었다. 아침 6시 반에 출근해서 저녁 6시까지
거의 수술실에 있었다. 점심시간 15분만 식당에서 앉아서 밥
을 먹었다. 수술실에서는 계속 서 있어야 했다. 보통 5시면
수술이 다 끝나는데 그날따라 6시에 끝났다. 슬리퍼를 질질
끌며 당직실로 갔다. 눈 초점은 사라졌고, 입꼬리는 내려가
있었다. 어깨도 처져 있었다. 인턴 동기가 네 명 정도 있었지
만, 힐끔 보고 짐을 챙겨 문을 쾅 닫고 나왔다. 병원을 나가
면서 동기를 몇 명 더 만났지만, 표정 없이 고개를 숙이며 인
사하고 지나갔다. 기숙사 방에 누워 폰을 보니 가족과 오랜
친구들에게서 축하 문자가 와 있었다. 답장을 하다 보니, 10
개월을 함께 보낸 인턴 동기들에게 아무도 연락이 없었다.
가슴 중앙부가 쓰려왔다. 집으로 가는 길에 편의점에서 와인
한 병을 사서 들어갔다. 텔레비전을 켜고, 와인을 마셨다. 무
슨 프로그램이었는지 기억나질 않는다. 방이 어두웠고, 창밖

불빛을 한참 바라보다가 잠들었다.

　새벽 5시 반에 알람이 울렸다. 출근하여 아침 첫 시간에 해야 할 일을 끝내고 아침을 먹으러 식당에 갔다. 앉아서 밥을 먹으며 폰을 보니 동기 세 명에게 축하 메시지와 선물이 와 있었다. 나처럼 치열한 하루를 보내고 잠들기 직전 연락을 한 모양이다. 괜히 쓸쓸해하다가 잠들었나 싶다. 온종일 일 이야기 말고는 한마디도 하지 않고 퇴근할 때가 많았다. 캄캄한 방에 들어가 옷도 갈아입지 않고 한참을 누워 있었다. 머릿속에서 기계 소리가 들렸다. 마음이 서늘해지면서 손과 발끝이 차가워졌다. 폰을 켜 유튜브에서 사람들이 웃고 떠드는 영상을 틀었다. 일어나서 씻고 옷을 갈아입었다. 라면 하나를 부셔 먹고 창가 소파에 앉아서 밖을 봤다. 거리에는 사람들이 삼삼오오 모여 무슨 이야기를 그렇게 재밌게 하는지 한참 서 있다가 가게로 들어갔다. 자정이 지나도록 사람들은 밖에 모여 있다가 들어가기를 반복했다.

　달에 앉아 지구를 바라보는 것처럼 병원에서도 집에서도 혼자 사람들을 바라봤다. 어떤 날은 초승달처럼 희미한 미소를 지었다. 어떤 날은 반달처럼 별생각 없었다. 일 잘해서 칭찬받은 날은 보름달처럼 혼자 신나서 다녔다. 그믐달이 보이거나 달이 보이지 않을 때가 많았는데, 내 생일날이 그때였다. 그동안 마음에 눌러 담았던 설움이 터졌다. 하필이면 일도 많았던 터라 참기 힘들었다. 다음 날 아침, 동기 세 명의 연락 덕분에 달에서 지구로 내려오기로 했다.

일에 치여 나를 잃고 살았다. 주변 사람도 돌아보지 못했다. 함께 일하는 사람들 속에서 성장해가는 나를 찾을 수 있다. 혼자서는 할 수 없다. 지칠 때마다 어둠 속으로 기어들어가기 때문이다. 처음 품었던 열정도 작은 불씨가 되어 살랑거리는 바람에도 꺼지려 한다. 완전히 꺼지기 전에 사람들 틈에 들어가야 한다. 서로를 통해 성장할 수 있다. 나의 열정도 지킬 수 있다.

아침을 먹고, 당직실에 가기 전에 일 층 카페에 들러 커피 8잔을 샀다. 양손에 커피 캐리어 하나씩 들고 당직실로 들어갔다. 아무도 없다. 메모지 한 장과 펜을 꺼냈다.

"오늘도 힘냅시다!"

4

먼저 동료 응원하기

"내뱉은 말은 상대방의 귀에도 내 귀에도 들렸다.

내가 했던 응원의 말 한마디는 다시 내게 돌아왔다."

마흔에 대학병원 인턴으로 취직하였다. 친구들이 우리 나이에 대학병원 인턴으로 가면 황천길 갈지도 모른다며 말렸다. 황천길은 무슨, 황천길 가는 사람 잡으러 갈 거라며 소리쳤다. 일한 지 일주일도 채 되지 않아 후회했다. 환자보다 내가 먼저 가겠는데? 눈시울이 붉어졌다. 눈을 질끈 감고, 이를 악물었다. 운동화 끈을 단단히 묶었다.

병동보다 수술실을 좋아하던 터라 주로 수술 당직을 섰다. 몇 달 만에 병동 당직이었을 때였다. 나는 '환타'(환자 많이 오는 사람)였다. 저녁 6시, 당직 업무 시간이 시작되었다. 수

"

술방이 3개나 열려 있었다. 보통은 하나 정도 열려 있어서 수술 당직 한 명으로 충분했다. 그날은 3명 당직 인턴이 모두 수술방에 들어갔다. 병동보다 수술이 우선이었기 때문이었다. 수술방 들어가기 전 동기들이 내가 당직한 날은 유독 일이 많다고 난리였다. 수술방에 있는 내내 나 때문이라는 말이 귓가에 맴돌면서 미안했다. 수술이 끝난 후, 다른 인턴이 받아야 했던 동의서 10개를 빼앗아 들고 병동을 돌아다녔다. 새벽 1시가 되어서야 당직실에서 누울 수 있었다. 건강 앱을 보니 2만 보를 훌쩍 넘겼다.

새벽 3시 20분, 당직 폰이 울렸다. 병동에서 방광 내 잔뇨량이 많다는 전화가 왔다. 저녁 9시에 소변줄로 800ml 정도의 소변을 비운 상황이었다. 겨우 6시간 지났는데, 방광에 소변이 가득 차 있을 리가? 잠 안 자고 물만 마시고 있었나? 머리가 지끈거렸다. 가겠다고 대답은 했으나, 몸이 움직이질 않았다. 다시 잠들었나 보다. 전화벨이 울렸다. 어디쯤 왔냐고 물었다. 침대 기둥을 잡고 몸을 천천히 일으켰다. 전화벨이 또 울렸다. 한숨을 푹 내쉬며 지금 가니까 기다려달라고 소리쳤다.

"네? 선생님? ○○병동인데요. 산소포화도 떨어지는 환자 있어서 지금 오셔야 해요."

"아, 알겠습니다. 얼른 갈게요."

전화를 끊자마자 신발을 신고 뛰었다. 산소포화도가 떨어지는 건 호흡이 제대로 안 되고 있다는 뜻이다. 또 전화가 울렸지만, 채혈 중이라 전화를 받을 수 없었다. 처치 중 환자는 괜찮아졌고, 주치의도 왔다. 소변 문제로 전화 왔던 병동으로 갔다. 병실에 가니 환자는 한밤중이었다. 소변 빼야 된다고 환자를 흔들어 깨웠다. 환자가 소리를 질렀다. 아픈 데도 없는데 뭐 하는 거냐며 투덜거렸다. 몇 번 설득해 소변을 비웠다.

아침 8시, 중환자실에서 환자들의 상처 소독을 하고 있었다. 지나가던 레지던트 선배가 "쌤, 차트에 난리 났던데? 좀 해주지 그랬어!"라고 말하며 웃었다. 새벽에 2시간밖에 못 자고 계속 일했는데 억울하다 했다. 일을 끝내고 당직실로 가서 차트를 확인했다. 새벽에 소변 문제로 전화한 간호사가 '인턴 콜 하였으나 오지 않음.'이라는 문장을 삼십 분 간격으로 다섯 번이나 썼다.

아니, 내가 그 환자만 보냐고!

숨이 거칠어지고, 얼굴이 화끈거렸다. 병동에 전화하니 그 간호사는 이미 퇴근하고 없었다. 다음 날 아침에 그 병동으로 갔다. 두 번째 콜에 가려고 했는데 다른 병동에 응급 환자가 있어서 못 갔다고 했다. 어쨌든 내가 전화 받고 오지 않았다며 나를 노려봤다. 세 번째 전화부터는 받지도 않아서 기록에 남겼다고 했다. 응급실도 먼저 온 순서가 아니고, 응급한 순서로 치료를 한다. 당직 의사도 같다. 숨넘어가는 사람 전화가 나중에 왔다고 나중에 갔으면 어떻게 됐을까? 지금쯤 병원이 아닌 법정에 서 있을지도 모른다.

병동 간호사들은 밤새 환자와 보호자에게 시달려야 한다. 응급하지 않은 환자일수록 목소리가 크다. 많이 아플수록 신음소리 내기도 힘들기 때문에 소리가 없다. 병동에서 연락을 받으면 가능한 한 빠르게 처치를 하려고 한다. 여러 일이 겹칠 때는 힘들다. 응급한 환자에게 먼저 갈 수밖에 없다. 그날도 다른 때와 같이 판단하고 행동했다. 숨넘어간다는 환자에게 먼저 갔다. 일하다가 잠도 제대로 못 잤는데, 돌아온 건 연락받고 씹은 인턴이라는 오명뿐이었다. 이런 일은 처음이었다. 자나 깨나 눈앞에 차트기록이 보였다. 며칠 동안 머릿속을 떠나지 않았다. 퇴근 후, 멍하니 누워 있다가 잠들기를 반복했다.

지난해 근무했던 병원 간호사들이 생각났다. 의사면허증에 잉크가 채 마르기도 전에 취직한 병원이었다. 병원 용어도 낯설었다. 기본 상처 드레싱도 환자에게 해본 적 없었다. 모르는 게 있으면 간호사들한테 묻고 또 물었다. 그때마다 자신의 일을 멈추고 도와주었다. 병원에 있는 누구도 나에게 모른다고 구박하지도 않았다. 의사 중 막내라 보조해주는 담당 간호사도 없었다. 수술 동의서 받을 때, 환자 한 명, 한 명 대기실에 가서 직접 불러 진료실로 데리고 왔다. 그러다 보니 퇴근 시간은 늘 늦어졌다. 병원장에게 혼나면 병원장 전담 간호사와 둘이 부둥켜안고 울기도 했다. 한 달에 한 번 회식을 할때, 1차에서 병원장과 헤어지고 간호사들, 막내 원장과 함께 3차까지 갔다. 밤 12시가 되어도 병원장에게 혼난 이야기는 끝나지 않았다. 인심 좋은 곳에서 따뜻하게 지냈다.

대학병원의 생활은 시골 쥐가 도시로 간 기분이었다. 도시처럼 뭐든 풍성하지만 마음 둘 곳 없었다. 온종일 도시 쥐 같은 사람들 틈에서 이리저리 치였다. 아무리 먹어도 배에서 꼬르륵 소리가 났다. 퇴근 후에 컵라면을 부셔 먹으며 입 밖으로 튀어나오는 욕을 집어삼켰다. 며칠 동안 끓이지 않은 라면을 먹어서 그런가, 속이 쓰렸다. 아침에만 그렇더니 점점 수시로 배가 아팠다. 이렇게 버틴다고 될 일이 아니었다.

문제가 있었던 병동의 책임자인 수간호사를 찾아갔다. 그 기록이 있었던 날, 내게 걸려온 전화를 보여주며 상황 설명을 하였다. 수간호사는 나의 어깨를 감싸며 와줘서 고맙다고 했다. 선생님들이 오지 않으면 환자, 보호자가 병동 간호사한테만 욕 퍼붓는다고 그날도 그랬을 거라고. 전후 사정도 모르면서 그런 기록을 남긴 건 미안하다고 했다. 기록을 남긴 간호사에게 주의를 주고 앞으로는 그런 일이 없도록 하겠다고 했다. 평소 내가 뛰어다니면서 일하는 걸 많이 봤다며 일부러 안 올 선생님이 아닌데 본인도 믿지 못했다고 했다. 가끔 몇 시간 뒤에 오는 인턴 때문에 이런 일이 생기는 것 같다며 내 손을 꼭 잡으며 이해해 달라고 했다. 나도 인턴 동기들에게 가서 일부러 늦게 오는 일은 없게 전달한다고 했다. 다 같이 환자 위해서 하는 일이니 한 발씩 물러나 이해하기로 했다. 수간호사는 나를 안아주며 고생한다고 다독였다.

왜 이렇게 자기 일만 중요하다고 서로를 향해 날이 서 있었는지 모르겠다. 병동을 떠나는 발걸음이 한결 가벼워졌다. 어김없이 그날 밤에도 병동에서 전화가 왔다. 목소리 톤을 높여 전화를 받았다. 전화를 끊자마자 그 병동으로 갔다.

"선생님, 밤에 힘들죠? 오늘 밤도 같이 잘 넘겨봐요!"

병동 데스크에 앉은 간호사에게 입꼬리를 올리며 말했다. 간호사는 내게 엄지 척을 올리며 눈웃음을 지었다. 평소에는 이마를 찡그리며 간호사를 노려보다가 눈이 마주치면 피했다. 속으로 '나 24시간째 근무 중, 아직 12시간 더 남았으니 웬만하면 건들지 마세요!'라고 중얼거리며 병실로 갔다. 일이 끝나면 등을 보이며 조용히 사라졌다. 그날은 찡그린 얼굴 표정을 풀었다. 함께 일하는 사람에게 "힘들지! 같이 힘내자!"라고 먼저 말하기로 했다. 내뱉은 말은 상대방의 귀에도 내 귀에도 들렸다. 내가 했던 응원의 말 한마디는 다시 내게 돌아왔다. 그녀가 나에게 힘내라고 하는 것 같았다. 밤에 불 켜서 짜증 내는 환자의 말도 귓등으로 스쳐 지나갔다.

5

방향을 잃어도
주저앉지 말기

"목표가 선명하지 않아도 괜찮다.

계속해서 고민하고 답을 찾아 앞으로 나아갈 것이다."

레지던트 지원 기간이 다가왔다. 자기소개서를 쓰려고 노트북 앞에 앉았다. 몇 시간째 모니터만 바라봤다. 한 줄도 쓰지 못했다. 다음 날도, 그다음 날도 마찬가지였다. 지난 2년을 돌아보니 주어진 일에만 매몰되어 나 자신을 잊고 살았던 것 같았다. 바쁜 하루하루를 보내느라 왜 이 길을 선택했는지 기억도 나지 않을 만큼 흐릿해졌다.

잉크도 마르지 않은 의사면허 한 장 들고 입사한 첫 병원, 척추에 대한 전문적인 지식이 필요했다. 병원장 진료 전, 환자를 만나 병력을 묻고, 신체 진찰을 하고, 전자 기록을 남겼다. 머리부터 발끝까지 다 진찰을 할 수는 없다. 주 증상을 듣고 감별해야 할 질환을 떠올린 후, 필요한 질문과 신체 진찰을 해야 한다. 매번 병원장이면 어떻게 할까 생각하며 환자를 만났다. 점심시간 직전, 퇴근 전 그날 본 환자 차트 리뷰를 했다. 내가 예진했던 사람에게 병원장이 어떤 검사, 진단, 치료 계획을 세웠는지 보기 위해서였다. 틀린 문제가 많았다. 차트 기록과 검사 결과를 보며 오답 노트 정리를 했다.

근무 첫 3일 동안 병원장 진료를 참관했다. 첫 달에는 병원장 진료보다 내 진료가 훨씬 오래 걸려서 환자들이 불평불만을 늘어놓았다. 진료 보는 데 1시간이나 걸리냐며 내 방에 들어가기 싫다고 했다. 두 달이 지나면서 내 진료를 거부하는 환자는 줄었다. 진료가 익숙해지자, 수술 전, 후 상담 및 영상 검사 소견을 설명해주는 일도 맡았다. 척추 영상 검사에 관한 책을 사서 공부했다. 아침마다 참석하는 컨퍼런스에서 각 케이스마다 핵심 내용을 듣고, 환자를 만나기 전에 공부했다. 모르는 게 있을 때마다 같은 사무실을 쓰는 민석(정형외과 의사)에게 물어봤다.

반년 정도 지났을 때, 상반기 수술 수가 삭감이 있었던 케이스를 모아 심사평가위원회(심평원)에 이의 신청하는 일을 맡았다. 각 수술마다 심평원에서 제시한 기준을 찾았다. 수술한 환자를 수술 전 외래 진료 기록부터 수술하게 된 시기, 수술 내용까지 살펴보았다. 다른 병원에서 어떻게 했는지 간호부장을 통해 인근 병원 이의 신청서를 받아서 확인했다. 심평원 기준에 부합한 사람은 전자 기록으로 근거를 만들었다. 기준에 미치지 못하는 사람은 그 당시 수술을 할 수밖에 없었던 이유를 연관된 논문을 찾아 근거로 제시했다. 각 수술마다 수술 전 영상 검사 결과를 첨부했다. 검사 결과와 증상이 일치하고, 수술을 하지 않으면 발생할 수 있는 문제를 썼다. 병원장에게 보고서를 확인받고 심평원에 제출했다.

한 달 정도 지나 절반가량 삭감된 금액을 돌려받았다. 반의 반도 받지 못할 때가 더 많다며 절반이면 선방했다고 했다. 이날 이후, 병원장이 대학병원 수련 가지 말고 함께 일하자고 계약 연장을 요구했다.

대학병원 인턴이 하는 일은 이전 병원과 달랐다. 대학병원 내, 대부분의 진료 과를 2~4주 주기로 돌아가면서 일했다. 과가 바뀔 때마다 인수인계를 받았다. 익숙해질 때쯤이면 다른 과로 바뀌었다. 덕분에 근무 시간 외에 다른 과 일을 배워야 했다. 먼저 일했던 동기들에게 자주 물어보고 배웠다. 각 과에서 일하는 의료진들이 어떻게 일하는지 유심히 보고 따라 했다. 외래, 병동 일도 했다. 정규 드레싱 등 업무 외에도 콜이 오면 가서 일 처리를 했다. 일이 없어도 퇴근 시간까지 병동을 한번 둘러보고 도울 일을 찾다가 퇴근했다.

인턴이라고 무시당할 때도 많다. 단순 드레싱 업무를 할 때였다. 3년 이상 병원을 옮겨 다니며 입원 치료를 받던 할머니였다. 할머니의 아들이 3년 동안 곁을 떠나지 않았다고 했다. 그동안 수많은 의사, 간호사를 겪어 본 터라 나보다 병원을 잘 아는 것처럼 보였다. 교수 외에는 모두 부하 직원처럼 대했다. 상처 부위별 소독제 종류, 거즈 사이즈, 개수, 붙이는 방향, 붙이는 테이프의 종류, 크기, 길이, 개수까지 모두 본인이 정하고 시키는 대로 하라고 했다. 상처 소독 시간도 정했다. 하루 종일 엉덩이 붙일 시간 없는 인턴이 시간을 지키기는 어려웠다. 그 시간에 응급콜이 오지 않아야 하는 건데, 가능한가? 하루는 오라는 시간에 갔는데, 할머니가 상처 소독 받을 기운이 없다며 2시간 뒤에 오라고 했다. 요구하는 걸 다 들어주다가는 내내 끌려다닐 것 같았다. 몇 번 설득 끝에 인상 쓴 보호자 앞에서 소독 도구를 펼쳤다. 소독하는 내내 다른 선생들은 맞춰주는데 왜 나는 마음대로 하냐며 잔소리를 늘어놨다.

영상 검사 동의서를 받으러 갔을 때였다. 수술 전날에 CT 검사 하나가 더 처방이 났다. 왜 주치의가 안 오고 인턴이 오냐고 소리를 질렀다. 주치의 선생님이 오시면 좋겠지만, 다음 날 수술 준비 등 일이 많다고 설명을 드렸다. 회사에서도 결정은 윗사람이 하고, 막내가 단순 업무를 하지 않느냐며 달래서 동의서를 겨우 받은 적이 있다. 할 일을 빨리 하고 싶은데, 환자, 보호자에게 자세히 설명하고 화를 달래야 했다. 이전 병원에서도 그랬다. 병원장 앞에서 찍소리도 못 낸 사람이 내 앞에서는 소리를 지르고 온갖 불평불만을 쏟아냈다. 환자가 하는 말을 들어주고, 설명해서 달래고 웃는 얼굴로 병실로 돌려보내야 했다.

의사가 된 첫해, 생각지도 않았던 척추 질환 전문 병원에서 일하게 되었다. 관심 분야는 아니었지만, 인정받고 싶어 누구보다 열심히 일했다. 매일 새로운 환자를 마주했다. 환자마다 정확한 진단과 적절한 치료 과정을 배웠다. 뭐든 주어진 일을 해내려고 노력했다. 두 번째 해에는 대학병원 인턴이었다. 인턴은 대부분 시키는 일을 많이 해야 했다. 하루 종일 지시받은 일과 단순한 반복 업무가 많았다. 머리를 쓰지 않아도 되는 일이 많았지만, 몸이 고달팠다. 주 80시간 이상의 근무, 집에 가면 곧바로 쓰러져 잠들었다. 아침에 눈을 뜬 순간부터 감는 순간까지 병원에 있었다. 그러다 보니 정작 중요한 것을 놓치고 있었다. 지금까지 달려온 이유가 선명하게 떠오르지 않았다.

모니터 절전이 수십 번이나 반복되었다. 캄캄한 모니터를 봤다. 저번 병원에서 근무 마지막 날, 진료실 컴퓨터를 끄고 바로 일어서지 못해 꺼진 모니터를 한참 바라보고 있을 때가 떠올랐다. 아침에 모니터를 켤 때면 할 수 있을까 싶다가 정신없이 하루를 보내면서 모니터를 당장 끄고 싶을 때가 한두 번이 아니었다. 이 악물고 버텼다. 최선을 다했다. 때로는 방향을 잃고 흔들렸다. 그래도 그 순간, 주저앉지 않았다. 멈추지 않았다. 나만의 이유를 찾으려 노력했다. 때론 인정받기 위해, 때론 환자를 위해, 때론 나를 위해 일했다. 단순히 살아남기 위해 일하지 않기로 했다. 진정 원하는 의사의 모습이 무엇인지 찾아가야겠다. 목표가 선명하지 않아도 괜찮다. 계속해서 고민하고 답을 찾아 앞으로 나아갈 것이다. 하다 보면 길을 찾을 수 있겠지.

6

습관적으로 치즈 외치기

“이해가 되지 않아도 눈에 힘을 풀고
작은 목소리로 치즈를 외쳤다.”

9월 어느 토요일, 내과 당직하던 날이었다. 새벽 6시에 출근하여 끊임없이 울리는 당직 전화를 받으며 일하고 있었다. 병원 복도를 지나는데 밖이 캄캄했다. 시계를 보니 저녁 7시였다. 한참 전부터 배에서 꼬르륵 소리가 났는데 식당 갈 시간이 없었다. 병원 식당도 하나둘씩 문을 닫는 시간이라 일을 잠시 멈추고 뭐든 먹기로 했다. 일 층 샌드위치 가게에 가서 샌드위치를 하나 사 들고 병원 밖으로 나갔다. 병원 정문 앞에 정원이 있었다. 벤치에 앉았다. 시원한 바람에 나뭇잎들이 부딪히는 소리가 들렸다. 캄캄한 하늘을 멍하니 바라보는데 전화벨이 울렸다. 뒷골이 당기면서 미간에 힘이 들어갔다. 십 분만 기다려달라고 하고 샌드위치를 크게 베어 물었다. 반쯤 먹고 자리에서 일어났다.

밤에는 낮보다 전화가 적게 오긴 하지만, 1시간에 최소 두 통은 왔다. 다음 날 새벽 6시가 되면 당직이 끝났다. 그래도 퇴근할 수 없었다. 병동을 돌며 드레싱을 해야 했다. 반나절 정도는 해야 끝날 양이었다. 24시간 근무도 모자라 드레싱까지 해야 하다니 눈앞이 노래졌다. 어떤 동영상을 봐도 웃음이 나질 않았다. 이런 속사정을 누가 알까? 새벽 6시부터 상처 소독하러 온 인턴에게 환자들은 달갑지 않았다. 대부분 깨어 있긴 하지만, 새벽이라 몽롱한 상태였다. 밤에도 한 번씩 간호사들이 와서 혈압을 재거나 상태를 체크하기 때문에 제대로 잠을 못 이루는 환자들이 많았다. 한 중년 아저씨가 버럭 소리를 질렀다. '저기요, 여기 진짜 잠 설친 사람 있는데요?' 라는 말이 목구멍까지 올라왔지만 입을 꾹 다물었다.

한 환자는 수술실에서 하는 것처럼 무균적으로 소독하라는 교수의 지시가 있었다. 환자 앞으로 가서 재료를 펼쳐 놓고 멸균 장갑을 꼈다. 소독용 솜을 들고 소독을 하려는데, 소독해야 할 팔에 반창고가 그대로 붙어 있었다. 아뿔싸, 큰일이다! 멸균 장갑을 낀 손으로 반창고를 떼면 처음부터 다시 해

야 했다. 장갑과 소독 재료를 모두 폐기하고 새것으로 가져와
야 했다. 환자 얼굴과 반창고를 번갈아 보다가 입을 뗐다.

"환자분, 죄송한데, 제가 멸균 장갑을 껴버려서 반창고 좀
떼어줄 수 있을까요?"

"뭐라고? 나보고 하라고?"

"아니요. 반창고만 떼어주시면 감사하겠어요. 이 손으로
만지면 재료를 모두 다시 가져와야 해서요."

환자는 인상을 찌푸리며 반창고를 떼서 바닥으로 던졌다.
소독을 하는데, 소독제가 팔을 타고 흘러내려 테이블에 떨어
졌다. 밑에 뭘 깔고 해야지 왜 그냥 하냐고 또 화를 냈다. 깨
끗이 닦고 가라고 소리를 질렀다. 테이블을 닦고, 뒷정리를
하고 병실을 나왔다. 환자가 뒤통수에 대고 소리를 질렀다.
아직 반의 반도 덜 했다. 갈 길이 멀었다. 그러거나 말거나
뒤도 안 돌아보고 갔다.

정오가 되어서야 퇴근할 수 있었다. 자고 있는데, 모르는
전화번호로 전화가 왔다. 알고 보니 환자는 병원 교수의 아버
지였다. 인턴이 소독을 환자에게 하라고 시켰다고 아들인 교
수에게 일렀다고 했다. 교수는 상황 파악을 위해 내게 전화를
걸었다고 했다. 떨리는 목소리로 그때의 상황을 설명했다.
시간이 걸려도 내가 했어야 했는데 환자에게 하게 해서 죄송

하다고 했다. 교수는 오해가 풀렸다며 밤새 일하느라 수고했다고 했다. 나올 때 한 번 더 상냥한 말투로 설명하고 사과했으면 아들에게 거짓말하지 않았을까? 새벽에 잠 깨운다고 짜증 내었던 환자도 떠올랐다. 그 환자도 자식에게 일요일 아침부터 짜증 내는 인턴 이야기를 했겠지. 나에게는 당직의 연속이었지만, 환자들에게는 일요일 아침 첫 시간이었다. 눈은 반쯤 감고 있더라도 입꼬리는 올리고 아침 인사말이라도 할걸 그랬나? 한숨을 쉬며 다시 침대에 누웠다. 눈을 감아도 아침에 만난 환자들의 얼굴이 생생해서 잠을 뒤척였다.

인턴은 간단한 시술 동의서, 무통 주사 동의서 등 의사가 받아야 하는 동의서 중 비침습적이고 간단한 내용을 포함하는 것을 받았다. 주치의들의 업무를 덜기 위해서다. 병실에 동의서를 받으러 들어갔다. 환자가 할머니였지만, 어머님이라고 불렀다. 편의상 여자는 '어머님', 남자는 '아버님'이라고 불렀다. 환자분이라고 하는 걸 싫어하는 사람도 많았기 때문이다. 옆에 서 있던 젊은 남자에게 아버님이 대신 동의서 사인 해주시면 좋을 것 같다고 했다. 나를 노려보며 큰 소리로 환자의 남편이 아니고 아들이라고 했다. 아차 싶었다. 입에 붙은 호칭이라 아무 생각 없이 아버님이라고 불렀다. 보호자는 환자와 동년배로 봤다고 생각해 화가 난 것 같았다. 설명하려 했지만, 말을 끊었다. 동의서는 왜 인턴이 받는지 따지고 들었다. 환자의 주치의가 받아야 하는 거 아니냐며 언성을 높였다. 저녁 때 갑자기 추가 검사를 하게 되어 어쩔 수 없었다고 설명했다. 영상 검사 동의서의 경우에는 인턴이 많이 받는다고 설명을 덧붙였다. 회사에서도 막내가 간단한 일은 도맡아 하지 않냐고 하니 그제야 고개를 끄덕였다. 몇 번이나 동의서를 두고 올까 싶었지만 참았다. 결국 보호자에게 사인을 받고 나왔다.

상처를 소독할 때 소독약이 닿으면 따갑고 아프다. 건조한 피부에 들러붙은 반창고는 뗄 때 털이 빠지는 것처럼 아플 때도 많다. 온종일 병실 천정만 보고 누워 있는 환자는 마음까지 아프다. 간병인 외에 많이 만나는 사람이 인턴인 환자도 있다. 그런 환자들에게 웃으며 인사하고 따뜻한 배려의 말 한마디가 그렇게 어려운 것일까? 일 많다고 이마에 써 붙이고 다니면서 뭐라도 하나 요구하면 미간을 찌푸렸다. 대놓고 언성 높이지는 않았지만, 표정으로 화를 냈다. 퇴근 후 잠자리에 들면 찡그렸던 환자들의 얼굴이 떠올랐다. 그러지 말걸. 환자에게 있던 상처가 내 마음에 옮겨왔다. 소독약을 댄 것처럼 쓰라렸다.

동의서도 마찬가지다. 동의서에 일 년에 한 명에게 일어날까 말까 하는 합병증도 기록되어 있다. 검사에 관한 것과 발생 가능한 합병증에 대한 설명을 들을수록 환자들의 얼굴은 어두워진다. 그래서인지 보호자가 별것 아닌 아버님이라는 호칭에 화를 낸 걸지도 모른다. 검사에서 좋지 않은 결과가 나올까 봐 걱정되기도 할 것이다. 그런 마음 하나 헤아리지 못하고 인턴이라서 무시하는 건가 투덜거리며 환자와 보호자를 노려봤다. 쓸데없이 회사 인턴 이야기나 하며 동의서를 받아왔다. 그때는 비유를 잘해서 설득에 성공했다고 생각했다. 지금 돌아보니 보호자가 어이가 없어서 사인해 준 것 같다.

환자나 보호자가 화를 내거나 이유 없이 짜증을 낸다면 표정을 찡그리기 전에 한번 생각해보기로 했다. 이해가 되지 않아도 눈에 힘을 풀고 작은 목소리로 치즈를 외쳤다.

 제 1 장

7

번아웃 증후군,
작은 변화 하나면 된다

"수많은 모래가 쌓여 해수욕장을 이룬 것처럼, 달라진 한 걸음이 모여

내 삶의 바다를 마주할 해수욕장을 만들어 줄 거다."

퇴근길, 병원 로비를 나서며 생각했다. 오늘은 일찍 끝났네. 저녁 먹고 운동이나 하러 갈까? 집에 들어서자마자 냉장고 문을 열었다. 맥주 한 캔과 반찬을 꺼냈다. 드라마를 틀어놓고 허기진 배를 채웠다. 식탁을 치워도 드라마 한 편이 끝나지 않았다. 침대에 누워 드라마가 끝날 때까지 봤다. 드라마가 끝나니 핸드폰을 뒤적였다. 맥주 때문에 머리가 알딸딸했다. 운동하러 가려던 것도 까먹었다. 예전에는 퇴근하고 곧장 헬스장에 갔다. 쉬는 주말이면 당일치기 여행 계획을 세웠다. 이제는 아무것도 하고 싶지 않았다. 몸이 무겁고, 기분도 가라앉았다. 그냥 피곤한 걸까? 아니면 뭔가 잘못된 걸까?

인턴이 되면서 병원에 갇혀버렸다. 벚꽃 흩날리던 봄에는 응급실에 있었다. 벚꽃이 떨어지고 나무가 온통 푸르게 변했을 때는 수술실, 병동을 오갔다. 나무가 알록달록해질 무렵, 다시 응급실에 있었다. 해 뜰 때 출근하고, 퇴근은 언제나 캄캄한 밤이었다. 하루에 한두 번은 병원 앞 정원으로 나갔다. 고개를 들고 하늘을 봤다. 나무 냄새를 맡았다. 새소리를 들었다. 잠시라도 나오면 숨통이 트였다. 온종일 쌓인 체기가 내려갔다. 퇴근길에 쌓인 낙엽을 밟았다. 아삭거리는 소리가 났다. 오늘도 수고했다고 재잘거리는 것 같았다. 계절이 바뀌면서 운동 가는 횟수도 줄었다. 이제는 일주일에 한 번 가면 다행이었다. 저녁 먹고 늘어져 있다가 잠들기 일쑤였다. 알람 소리에 겨우 눈을 떴다. 잠시 눈을 감은 것 같은데, 알람은 빨리도 울렸다.

나무에는 앙상한 나뭇가지만 있었다. 퇴근길에 흩어져 있던 낙엽도 보이질 않았다. 병원 정문을 열면 차가운 바람이 나를 감쌌다. 정문 앞 정원까지 가면 팔, 다리가 온통 닭살이 되었다. 건물 안에서 정원에 내리쬐는 햇살을 구경했다. 나 뿐만은 아니었다. 병원 로비에는 전보다 사람들이 많았다. 날카롭고 찬바람처럼 환자들의 짜증스러운 한마디에도 눈살을 찌푸렸다. 어떤 날은 되받아쳤다. 그런 날은 꼭 엘리베이터 말고 계단으로 갔다. 아무도 없는 계단에 앉았다. 한숨을 몇 번 내쉬고, 숨을 깊게 들이마셨다가 내쉬기를 반복했다. 쿵쾅대던 심장 소리가 들리지 않으면 일어섰다. 병동에 일을 남겨놓고 온 날은 간호데스크에 있던 간호사가 한마디 한다.

"선생님, 어디 갔었어요? 일하다 말고 간 줄 알고 전화하려던 참이었요!"

이 악물고 짧게 "네!"라고 대답하고 처치실로 갔다. 입을 열었다간 또 화를 낼 게 분명했기 때문이었다. 남은 일을 하고 메모를 썼다. 데스크에 할 일을 써서 올려놓으라고. 기분이 좋지 않을 때는 최대한 말을 줄였다.

어쩌다 일찍 끝나는 날이면 맥주 한 캔을 손에 들었다. 다음 날 오전 내내 머리가 먹먹한 상태로 일해야 했다. 입의 즐거움은 잠깐이었다. 오전에만 커피 두 잔을 마셔야 겨우 일을 제시간에 다 할 수 있었다. 작년에는 퇴근 후에 운동하면서 스트레스 풀었다. 헬스장에 갈 때는 몸이 천근만근이었으나 운동을 하다 보면 가벼워졌다. 집에 들어와서 씻고 나면 낮에 짜증 났던 일이 생각나질 않았다. 퇴근 전에는 "오늘은 꼭 운동하러 가야지!"라고 다짐하지만 집에 들어서는 순간 잊었다. 다시 맥주 한 캔을 손에 쥐었다.

어느 날, 유튜브에서 '번아웃 증후군'이라는 영상을 봤다. 아래 자가 진단 체크리스트 중에 4가지 이상 해당되면 번아웃 증후군을 의심해야 한다고 했다.

대부분이 해당되었다. 번아웃 증후군은 한 가지 일만 계속해서 할 때 찾아온다고 했다. 그걸 알았다고 해서 내가 당장 변할 수 있을까? 변하고 싶지 않았는지도 모른다. 종종 병원 앞 정원에서 계절을 느꼈다. 이렇게 살아도 될까? 의문이 가끔 들었다. 전화벨이 울리면 짜증부터 났다. 하루에도 수십 번씩 숨이 막혔다. 미간에 주름이 깊어져 갔다. 찬바람이 느껴질 때부터 인턴도 얼마 남지 않았다는 생각이 들었다.

병원 앞 정원에 물이 고이자마자 꽁꽁 얼어붙었다. 찬바람이 매섭게 느껴졌다. 연말이 되었다. 새해가 되면 달라질 줄 알았다. 달력의 숫자가 바뀌는 것처럼 내 마음도 달라질 줄 알았다. 그렇게 일 년, 버텨도 달라진 건 없었다. 일만 하면 번아웃 온다더니! 정말 그런 걸까?

병원 밖에서 하고 싶은 일을 생각해봤다. 운동, 여행, 독서, 글쓰기, 바이올린, 영어 공부 등 많았다. 이 중에서 바로 시작할 수 있는 건 운동이었다. 헬스장을 다시 등록했다. 당직 없는 날은 헬스장에 곧장 가기로 했다. 오랜만에 가니 30분도 운동하기 힘들었다. 그래도 땀 흘리고 씻으니 종일 쌓인 스트레스가 함께 씻겨 내려갔다. 침대에 누우니 아무 생각 없이 잠들었다. 머리를 지끈거리게 했던 바늘도 사라졌다.

토요일, 쉬는 날이 있었다. 가족들과 해운대 해수욕장에서 만나기로 했다. 최근 생긴 100층 건물 전망대로 올라갔다. 높은 데서 바다와 하늘을 보니 속이 뻥 뚫렸다. 커피를 마시고 사진도 찍었다. 해수욕장에서 모래놀이도 했다. 저녁을 먹고 집으로 돌아왔다. 신발을 벗으니 해운대 모래가 떨어졌다. 며칠 동안 모래를 치우지 않았다. 출, 퇴근하면서 모래를 봤다. 그때마다 입꼬리가 올라갔다. 아침에 집을 나설 때 모래를 밟으니 발걸음이 가벼웠다.

번아웃에서 벗어난 걸까? 모르겠다. 달라진 건, 이불처럼 널브러져 있지 않는다는 것이다. 한 발씩 내디디면 언젠가는 터널을 빠져나갈 것이다. 작은 변화 하나면 된다. 수많은 모래가 쌓여 해수욕장을 이룬 것처럼, 달라진 한 걸음이 모여 내 삶의 바다를 마주할 해수욕장을 만들어 줄 거다.

8

새로워지겠다는 마음 하나

"직업은 달라졌지만,

살면서 이루고 싶은 일은 크게 달라지지 않았다."

2024년 1월 1일. 새해가 밝았다. 전날 밤, 새 다이어리에 '갓생 살기 프로젝트'를 끄적거렸다. 주로 저녁 6시에 퇴근했다. 저녁 먹고 나면 7시 반 정도가 되었다. 3시간 남짓 하고 싶은 일을 할 수 있는 시간이 있었다. 헬스장에 운동만 하러 다녀와도 씻고 누우면 밤 11시가 되었다. 책 한 장만 읽고 자려는데 한 문장 읽으면 눈이 감겼다.

그래, 해보자! 하루에 단 하나만이라도!

종일 뛴 쳇바퀴 통에서 나와서 하는 일은 고작 가만히 누워서 드라마, 유튜브 보기뿐이었다. 몸무게는 점점 늘었다.

일주일에 하루는 약속을 잡았는데, 그마저도 없어졌다. 멍하니 있을 때가 많아졌다. 언제인지도 모르겠다. 번아웃이 되었다. 문제 해결을 위한 노력이 필요했다. 답은 모르지만, 일단 해보기로 했다. 하다가 안 되면 수정하면 되니 걱정하고 망설일 필요가 없었다.

쳇바퀴 통 말고, 목표한 고지를 보며 달려야 했다. 뱅글뱅글 돌아가는 쳇바퀴. 그 굴레 안에서 열심히 뛰었다. 지난 한 해를 돌아보니 남은 건 늘어난 살뿐이었다. 일이 많은 날은 눈을 가느다랗게 뜨고, 다른 사람과 눈 맞추지 않았다. 고개를 숙이고 입은 닫은 채 일만 했다.

20대 중반까지는 새해가 되면 5개년 계획을 세웠다. 내 삶은 늘 계획대로 흘러가고 있었다. 주거학과 전공으로 대학교에 입학했다. 한 학기를 다니면서 건축학과에 가고 싶다는 마음과 졸업 후 더 나을 것 같은 생각이 들었다. 계획을 수정했다. 건축학과에 편입을 했다. 졸업 후, 미국 유학을 갈 계획이었으나, 캄보디아로 파견 근무 기회가 생겼다. 이때부터 국경 초월하여 일할 수 있는 건축가가 되고 싶었다. 계획을 늦춰, 서른 살에 미국으로 건축 대학원에 입학했다. 두 번째 학기에 학비를 내지 못했다. 교통사고로 학교를 출석하지 못했다. 다니던 학교는 실험적인 디자인 위주의 교육이었다.

나는 낡고 오래된 건축물 또는 도시 재생에 관심이 많았다. 결국, 건축을 그만두게 되었다.

건물을 어떻게 하면 좀 더 이용하는 사람들을 편안하고 즐겁게 할 수 있는지 고민하는 건축가가 되는 게 꿈이었다. 건축을 통해 사람들을 편하게 해주고 싶었다. 이는 의사가 되어서도 할 수 있었다. 아픈 사람들을 건강하고 편안하게 살 수 있게 도와주는 일을 할 수 있었다. 직업은 달라졌지만, 살면서 이루고 싶은 일은 크게 달라지지 않았다.

미국의 경제 대공황, 가정의 경제적 상황, 교통사고로 인한 상황은 내 삶의 목적을 이루는 데 걸림돌이 되지 않았다. 숨을 고르고, 운동화 끈을 다시 묶었다. 공부해서 남 주기로 했는데, 여기서 넘어질 수는 없지. 얼어붙은 건축 경기에 건축사사무소에서는 외국인을 고용하지 않았다. 할 수 있는 일부터 시작했다. 대한항공 시카고 현지 대리점에 취직을 했다. 낮에는 여행사 일을 하고, 저녁 때는 학원을 다니며 영어 공부를 했다. 학원에서 꾸벅꾸벅 졸았지만, 매일 갔다. 건축 대학원을 다니지 못하는 상황을 탓할 시간이 없었다.

한 달에 두 번씩 미국 주립 정신병원에 자원봉사자로 방문했다. 환자들을 만나 몇 마디 이야기하는 게 전부였다. 주변에 건물도 거의 없고, 외딴 섬처럼 병원이 있었다. 주말에 별

다른 약속도 없었다. 이런 곳에 언제 또 와보겠나 싶어서 가게 되었다. 환자들을 만나다 보니 난 미국에서 실패한 게 아니라는 생각이 들었다. 건강한 몸으로 일과 공부를 할 수 있었다. 병원에 아픈 사람들을 보러 갈 수 있었다. 가족도 찾지 않는 사람들이 많았다. 퇴원하고 다시 재입원하는 환자도 많았다. 병원 밖에서 살 의지가 없어 보였다. 자꾸 그 사람들의 얼굴이 떠올랐고, 의대를 갈 수 있는 방법을 찾았다.

한국으로 다시 돌아갔다. 한국에서 의학전문대학원 진학 또는 의대 편입을 하기로 했다. 매일 똑같은 시간에 일어나 책상 앞에 하루 종일 앉아 있었다. 반복되는 쳇바퀴 통 속이 아니었다. 의대를 향해 달려가는 길 위를 달리고 있었다. 입학해서도 하루 종일 공부했다. 수업을 듣고, 시험을 쳤다. 하루 쉬면 다시 수업를 듣고, 잦은 시험이 반복되었다.

마흔에 의사가 되었다. 병원에서 일을 시작했다. 환자에게 친절하고, 따뜻하게 대하는 것은 의사 외에도 많은 이들이 할 수 있었다. 좋은 의사는 그 역할에 맞게 정확한 진단을 하고, 제대로 치료하는 사람이라고 생각했다. 전문 분야를 가진 의사가 되기 위해 대학병원에 수련을 받으러 들어갔다. 아직 과를 배정받지 못한 인턴은 단순 업무밖에 할 수 없었다. 할 수 있는 것이라고는 맡은 일을 빨리 해내는 것과 환자에게 친절한 것뿐이었다. 친절해도 소용없을 때가 많았다. 인턴이라고 무시도 많이 당했다. "교수 오라 그래!"라고 고래고래 소리 지르는 일은 매일 최소 한 번은 일어났다.

반복되는 단순 업무, 환자 또는 간호사들의 욕받이를 했다. 싫은 소리를 들을 때마다 '나는 누구? 여긴 어디?'라는 질문이 마음 한편에 들어왔다. 어떤 날은 날카로운 사람들의 목소리가 듣기 싫었다. 귀를 닫고, 일에만 집중하려고 노력했다. 시간이 갈수록 버티는 방법을 찾기만 했다. 무엇을 위해 일하는지도 잊고 있었다. 제시간에 퇴근하려고 열심히 일했다. 일이 많을 때는 앉아서 동기들과 노닥거리는 시간도 아까웠다.

레지던트 선발 면접 때 앞으로의 계획에 대한 질문을 받았다. 예상 질문에 대한 답변을 준비했던 터라 막힘없이 대답했다. 대답이 끝나자마자 마음에 무거운 돌 하나가 떨어졌다. 책을 참고했던 면접용 답변이었다. 원하던 계획은 아니었다. 그날 저녁 책상 앞에 앉아서 면접 준비했던 노트를 다시 보았다. 답변대로 살고 싶은가? 빨간 펜을 들고 답에 두 줄을 그었다. 한 글자도 더 쓰지 못했다. 한참을 멍하니 있다가 '나다운 답을 찾자.'라고 썼다. 며칠을 고민해도 계획을 세우지 못했다. 병원 다음으로 가장 많이 갔던 헬스장에 다시 가기로

했다. 움직이면 뭐든 생각나겠지. 폰 메모장에 저장되어 있
던 몇 가지 운동 루틴 중에 한 가지를 골랐다. 서랍장 구석에
처박혀 있던 운동복을 꺼내 입었다. 헬스장으로 갔다.

나를 태우던 습관을 쓸어내는 파도

"매 순간 성실히 임하는 태도가
유일한 지도일지도 모른다."

성과로 나를
증명하려던 습관

"하지 않겠다고 한 건 이번이 처음이었다."

병원에서 듣는 모든 단어가 외국어처럼 들렸다. 기록을 남기고, 결과를 볼 수 있는 전산 시스템도 익히는 데 일주일 넘게 걸렸다. 상처 치료하는 도구 이름도 생소했다. 간호사들이 어떤 일을 요청하면 매번 되물었다. 모르는 단어를 찾고, 어떻게 해야 정확하게 하는지 알아봤다. 함께 일하는 직원, 간호사, 의사 모두 나보다 한참 선배였다. 누구에게든 묻고 배웠다. 무슨 일을 맡든지 제대로 해야겠다는 생각뿐이었다. 정해진 출근 시간보다 1시간 일찍 병원에 도착했다. 제일 먼저 내 사무실로 가서 컴퓨터를 켜고 병동 환자들이 밤새 안

녕했는지 확인했다. 그날 수술 예정인 환자도 살폈다. 혈액, 영상 검사상 문제가 없는지 수술이 가능한지 파악했다. 각 병실을 돌면서 환자들을 만났다. 다 끝내면 회의에 참석했다. 그 후, 병원장의 회진 시간이었다. 중요한 것만 짧게 보고 하면 병원장은 진단과 치료를 그 자리에서 했다. 난 언제 저렇게 되려나. 일찍 와서 준비해도 진단을 찾지 못하고 어떻게 할지 모르는 경우가 대부분이었다.

학교에서 배웠던 약 이름과 병원에서 실제로 쓰는 약 이름이 달랐다. 배운 건 성분명이고, 병원은 제조사에 따른 이름이었다. 약 하나 처방할 때마다 인터넷 검색을 했다. 생각하는 성분을 확인했다. 외래를 도와주는 간호사의 확인을 한 번 더 거쳤다. 환자마다 다른 검사 결과를 파악하고, 진단하는 것도 어려웠다. 내가 외래 진료를 받을 때는 3분 내에 끝났었는데, 내가 진료를 하려니 3분은 택도 없었다.

저녁 6시가 되면 퇴근할 수 있었다. 금요일을 제외하고 7시가 넘어야 집에 갈 수 있었다. 온종일 외래 진료 본 환자 중에 입원하는 사람이 몇 명 있었다. 입원할 때 필요한 검사가 제대로 처방되었는지, 결과는 어떤지 확인했다. 입원기록지도 썼다. 오후에 주사나 물리 치료받은 사람들이 치료 효과가 있었는지 보러 병실을 다녔다. 다음 날, 시술이나 수술이 예정된 환자, 보호자를 만나서 설명하고 동의서를 받았다. 할 일을 끝내고 집에 돌아가 씻고 저녁을 먹으면 9시쯤 되었다. 1시간이라도 교과서를 보고 누워야 눈이 감겼다. 어쩔 수 없이 책상 앞에서 꾸벅 졸아도 책을 폈다.

한 달 꼴로 새로운 일이 추가되었다. 게임의 퀘스트를 깨는 기분이 들었다. 다음 과제를 받을 때면 지난 일의 성과가 좋았다는 생각에 어깨가 들썩거렸다. 다음 날, 늘어난 일 덕분에 어깨는 다시 축 늘어졌다. 편해질 만하면 어려운 과제가 주어졌다. 첫 병원에서 일하는 일 년 동안 침대에 누워 아무 생각 없이 잠든 적이 없었다. 다음 단계로 넘어간다는 기쁨은 잠시였다. 새로운 과제를 해결하기 위해 밤낮없이 고민했다.

8개월 차 되던 때에 병원장이 연구하는 의료 인공지능 프로젝트에 참여하게 되었다. 지금 하는 일로도 버겁다는 말을 하지 못했다. 마흔 살에 병원 초년생인 나를 받아준 것만으로 병원장에게 감사해서였을까? 오르지도 못할 큰 산이 앞에 생겼는데, 꼭대기에 올라가란다. 환자를 질환별로 분류하고, 진단, 치료, 경과를 분석해주는 프로그램을 만들고 있었다. 교과서에 진단 기준이 나와 있지만, 환자의 상태에 따라 다양한 변수를 넣어야 했다. 증상의 원인이 되는 병변이 어느 위치에 있는지, 어떤 형태인지에 따라 사람마다 다르게 나타날 수 있는 증상을 상세히 프로그램에 넣을 필요가 있었다. MRI 검사상 척추관 협착증이 심해서 걷지 못할 것처럼 보여도 전혀 증상이 없는 환자도 있었다. 오랜 시간에 걸쳐 협착증이 진행되었을 때, 몸이 적응해서 그럴 수도 있다고 들었다. 환자마다 생활 습관 때문에 달라질 수 있었다. 직업에 따라 발생할 수 있는 질환도 달랐다. 진단은 같아도 환자가 가진 질환과 증상에 따라 치료가 달라질 수 있었다. 몇 천 페이지의 교과서 내에 한 줄만 실린 질환을 만날 때도 있었다. 논문을 찾아야 진단 방법과 치료를 알 수 있는 것도 많았다. 졸린 눈을 비비며 매일 저녁 교과서를 읽었지만 프로젝트를 하기에 턱없이 부족했다. 병원장의 머릿속에 들어갔다 나오면 할 수 있는 일 아닐까? 수십 년 동안 진료와 수술을 하면서 복잡한 체계를 만들었을 거다. 내가 만들어가는 걸 보면서 큰소리가 나오는 게 당연했다.

한 달 동안 울면서 일했다. 매일 병원장에게 일을 보고했다. 할 때마다 혼났다. 컴퓨터 앞에 앉아서 환자들의 기록을 보며 해가 지고 나서도 한참 씨름하다 집에 갔다. 한 달 정도 애를 써도 프로젝트는 처음 그 자리에 머물러 있었다. 자는 시간 빼고 이 일에 매달려도 역부족이었다. 다른 선배 원장들은 처음부터 참여하지 않았다. 각자 본인 외래, 수술만으

　　　　　　　　제 2 장

로도 근무 시간을 늘 넘겼기 때문이었다. 나도 마찬가지였지만, 해야 한다고 생각했다. 결과는 눈에 보이지 않았다. 병원장의 호통은 갈수록 잦아졌다. 몇 백 번 고민하던 끝에 주먹을 쥐고 병원장 진료실에 들어갔다. 프로젝트를 못 하겠다고 했다. 몇 년의 진료 경험이 쌓이면 가능할지도 모른다고 하니 말을 끊었다.

"왜 못 해! 이번 일 도와줄 사람 몇 명 붙여 줄게. 필요한 것 다 말해. 다 들어줄게!"

병원장의 목소리는 진료실 문을 뚫고 나갔다. 고개를 떨어뜨리며 개미 목소리로 그래도 할 수 없다고 대답했다. 문밖으로 나오니 문 앞에 간호사 한 명이 서 있었다. 내 어깨를 감싸고 내 진료실로 데려다줬다. 잠시 외래 중단할 테니 앉아서 쉬라고 했다. 두 눈을 찡긋거리며 고개를 끄덕였다. 눈물이 앞을 가렸다. 최선을 다했는데, 할 수 있는 방법이 보이지 않았다. 병원장의 진료를 흉내 낼 수는 있었지만, 그가 될 수는 없었다.

어떤 일을 받든지 할 수 있다고 대답했다. 하지 않겠다고 한 건 이번이 처음이었다. 할 수 있는 한 모든 시간을 쓰며 용 썼다. 처음부터 하지 않는 것보다는 울면서 부딪힌 보람이 있었다. 나는 경험이 매우 부족했다. 당연하지만, 흉내 내다 보면 할 수 있을 것 같았다. 몇 개월간 배우고 따라 했다. 일 년 동안 손톱만큼 흉내 낼 수 있었을까? 시간이 걸리는 일이었다. 남들은 한두 해 경험하고 개원하는 사람들도 많다던데, 나는 아니었다.

대학병원에서 전공의로 수련받아야 겠다는 결심이 섰다. 주 80시간 이상의 근무, 퐁당퐁당 밤샘 근무 감당할 수 있을까? 숨을 한 번 크게 들이키고 내쉬었다. 병실을 다니며 환자들을 봤다. 병원장 외래 진료실 앞에 앉은 환자들을 봤다. 병원장처럼 환자를 치료하고 싶었다. 전국 각지에서 치료를 받으러 달려오면 입에 단내 나게 일해도 가슴 따뜻하게 살 수 있지 않을까? 이 생각이 끝나기도 전에 한 환자가 비타민 박스 두 개를 내게 건넸다. 몇 달 전 한 쪽 다리를 전혀 쓰지 못했는데, 지금은 잘 걸어 다닌다며 감사하다고 허리를 몇 번이나 굽혔다 폈다. 환자와 같이 병원장 진료실에 들어갔다. 병원장이 환자가 걷는 모습을 보며 하회탈처럼 웃었다. 내게 인상만 쓰던 얼굴이 활짝 웃었다.

2

나를 억누르는
성실한 태도

"매 순간 성실히 임하는 태도가 어쩌면 나를
꿈꾸는 그곳으로 안내할 유일한 지도일지도 모른다."

대학병원 인턴은 일 년 동안 열 개 정도의 진료과에서 일한다. 과가 바뀔 때마다 인계를 받아야 한다. 바뀌는 업무 덕분에 적응할 틈이 없다. 적응하든 말든 일을 잘해야 한다. 일하면서 평가를 받는다. 병원에 있는 모든 눈이 인턴을 보고 있다. 다른 사람들과의 관계도 일만큼이나 신경 써야 한다. 근무 평가에 평판도 들어가기 때문이다. 인턴이 끝날 무렵, 각자 원하는 과에 레지던트로 지원한다.

마취통증의학과에 가고 싶었다. 레지던트 정원은 연차당 두 명이었다. 지원자는 여섯 명. 경쟁자들은 모두 이십 대였다. 그중에 의대, 국시 성적 모두 일 등인 사람도 있었다. 나이는 많고, 성적은 어중간했다. 선발되기 위해 뭐든 해야 했다. 남들보다 일을 많이 하기로 했다. 많이 하다 보면 일 처리 속도도 늘고, 잘해낼 거라 믿었다. 종일 뛰어다니고 신경을 곤두세웠다. 집으로 돌아가는 길, 그림자마저 무겁게 느껴졌다.

인계받을 때, 여러 명에게 받았다. 일 잘한다는 소리를 듣는 동기에게는 비법을 물어봤다. 다른 과로 바뀌기 일주일 전부터는 당직 없는 날도 잘 시간이 되어서야 집으로 갔다. 퇴근하고 병원에 남아 반복적으로 연습했다. 마취과는 수술하는 모든 과와 연계되어 있었다. 일 년 중 절반 이상 수술실에 들어갈 수밖에 없다. 인턴 내내 긴장의 끈을 놓칠 수 없었다. 수술실에서 일하는 전날은 더 많이 연습했다. 수술 관련 일은 환자가 대기실부터 수술실, 회복실로 갈 때까지 곁에 있으면서 안전한지 지키는 것도 있었다. 수술실에서는 마취 시작 전부터 깰 때까지 주치의들의 일을 돕고 환자를 지켰다. 환자 옆에 가만히 서 있을 때도 많았다. 몸은 가만히 있어도 눈은 바빴다. 일하는 모든 사람들이 어떻게 서로를 도우며 일하는지 익혔다. 일이 익숙해지면서 점점 다른 사람들도 도울 수 있게 되었다.

 제 2 장

하루는 엄마뻘 되는 환자를 대기실에서 만났다. 담낭염으로 담낭절제술을 할 예정이었다. 외과에서 비교적 간단한 수술이었다. 하루에도 수십 개의 수술이 이루어지는 터라 1시간도 걸리지 않는 수술은 별거 아니라고 생각했다. 환자는 이불을 양손으로 움켜쥐고 벌벌 떨고 있었다. 환자에게 이름을 물어봤다. 이전에 마취해본 적도 없다고 했다. 한 손을 잡으며 긴장 풀라고 말을 건넸으나 소용없었다. 수술 안 하고 담낭염 터지면 몇 시간짜리 수술을 해야 할지도 모른다며 겁을 주니 나를 째려봤다. 안 그래도 무서워 죽겠는데 겁주지 말란다. 내가 같은 수술을 한 적이 있는데 허리를 펴지 못할 정도로 배가 아파서 수술 빨리 해달라고 병원에서 난리 친 이야기를 들려줬다. 환자는 대기실이 울릴 정도로 웃었다. 마취과 교수가 대기실로 들어오면서 무슨 일이냐고 했다. 환자를 보며 검지손가락 하나를 세워 입에 대니 입술을 닫고 낄낄거렸다. 수술이 끝나고 교수가 환자를 깨웠다. 팔이 침대 밑으로 떨어지지 않게 이불로 감쌌다. 팔, 다리를 움직였으나 이불 밖으로 나오지 않았다. 회복실로 갔다. 교수에게 인사를 하고 돌아서는데 교수가 나를 따라왔다.

"선생님, 어느 과 가고 싶어요? 우리 과 오면 좋겠다."

내 어깨를 토닥이며 한 눈을 찡긋거리고 갔다. 종일 수술실에서 서 있어서 종아리가 붓고 무거웠는데, 다리가 순식간에 가벼워지는 기분이 들었다.

의학전문대학원 입학하고 야구 동아리에 가입했다. 의무적으로 선후배 친목을 위해 동아리 활동을 해야 했다. 한 여자 선배가 따로 보자고 연락이 왔다. 나이 많은 후배가 불편하단다. 나이 말고, 일 학년으로 봐달라고 했다. 동기들도 사귀고, 가까운 선후배도 만들고 싶었다. 마지막일지 모를 학교생활, 남들처럼 하고 싶었다.

3학년이 되면 병원 실습을 했다. 신경외과 실습 주간이었다. 첫날, 신경외과 의국에 모였다. 실습 지도 교수가 학생들에게 일어나서 자기소개를 하라고 했다. 소개가 끝나고, 내 옆에 앉은 동기에게 나를 뭐라고 부르냐고 물었다. 언니라고 한다니까 이모라고 불러야 맞다며 나를 쳐다봤다. 일곱 명이 일제히 숨죽였다. 숨소리도 들리지 않았다. 얼굴이 화끈거리고 눈을 어디에 둬야 할지 몰라 허공을 헤맸다. 동기들 중 제일 친한 친구가 띠동갑이었다. 시험기간 내내 붙어 앉아 공부했다. 시험 끝나면 맛있는 것도 먹고 등산도 갔다. 또래 친구들과 다를 바 없었다. 처음 봤을 때, 다들 어려워했다. 매일 같이 수업 듣고, 밤새며 공부하면서 서로의 나이를 잊었다.

　　　　제 2 장

인턴은 평생 일하는 과가 결정되는 중요한 시기였다. 나이 때문에 떨어지고 싶지 않았다. 누구보다 열심히 했다. 어떤 일이든 하기 전에 손에 익을 수 있도록 연습했다. 퇴근 후에 수술방에 가서 기구의 위치와 이름을 외웠다. 기구의 사용 방법을 연습했다. 집에 갈 시간도 아까워 기숙사에 살았다. 천장에 곰팡이 흔적이 가득했다. 날씨가 더워지기 시작하면 24시간 내내 제습기를 틀어야 했다. 서너 시간만 제습기를 틀지 않아도 벽에서 물이 떨어졌다. 잘 때도 병원에서 송출하는 방송이 울린다. 시간 상관없다. 심정지 상태의 환자가 발생했을 때, 울리는 코드 블루 방송이기 때문이었다. 당직이 아닌 날에도 방송을 들어야 했다. 일주일 내내 병원에 있는 셈이었다.

매일 열심히 하는 것, 나를 증명하는 유일한 방법이었다. 유난스럽다는 소리도 들었지만 상관없었다. 시간이 갈수록 잘해주는 선배들이 늘었다. 외과 수술 때처럼, 내게 말 한마디 거는 교수도 생겼다. 열심히 한다는 말을 듣는 횟수가 늘었다. 가끔은 잘한다는 말도 들렸다. 레지던트 선발 때 원하던 결과를 얻을지도 모른다는 생각이 들기 시작했다. 매 순간 성실히 임하는 태도가 어쩌면 나를 꿈꾸는 그곳으로 안내할 유일한 지도일지도 모른다.

3

잘하고 싶은 마음이
나를 다치게 할 때

"문제보다 크고 단단한 태도만이 문제를 이긴다."

상사가 코끼리를 냉장고에 넣으라고 지시하면 어떻게 해야 할까? 집에 있는 냉장고와 동물원에서 본 코끼리가 동시에 떠오르며 고개를 숙이게 될 거다. 방법은 간단하다. 냉장고 문을 연다. 코끼리를 냉장고에 넣고, 문을 닫는다. 냉장고를 코끼리보다 크게 만들면 이 순서를 따를 수 있다.

의사로 갔던 첫 근무지에서 선배 의사들이 냉장고에 코끼리 넣을 수 있는 사람은 막내뿐이라고 했다. 막내, 대학병원에서는 인턴이다. 눈을 동그랗게 뜨고 선배들을 번갈아 봤다. 앞으로 무슨 일이든 해내야 하는구나! 어려운 일을 받을 때마다 첫날을 떠올렸다. 포기하고 싶을 때에도 선배들이 웃던 모습을 떠올리며 이 악물고 방법을 찾았다. 근무 6개월 차 되었을 때, 건강보험 심사평가원(이하 심평원)이 삭감시킨 수술비에 대해 이의 신청하는 일을 받았다. 진료 및 입원, 수술비를 건강보험에서 일부 지급하기 때문에 청구를 한다. 심평원 감독하 삭감된 비용에 대해 이의 신청을 해야 했다. 심평원에서 제시한 지침에 따라서 수술한 경우 수술비를 삭감 당할 이유가 없었기 때문이었다. 삭감률은 적게는 절반이었고, 심지어 아예 비용을 받지 못한 것도 부지기수였다. 이 경우, 수술비의 일부분을 병원이 부담하게 된다. 건수가 늘어날수록 병원은 적자가 될 수밖에 없다.

책상 한쪽에는 심평원의 기준을 펼쳐 놓았다. 다른 한쪽에는 지난 6개월간 시행한 척추성형술 중 삭감된 케이스를 두었다. 척추성형술은 척추 골절이 발생했을 때 하는 시술이었다. 시술 시 십 분의 일도 받지 못한 케이스가 전체의 시술 건수 중 오 분의 일이나 되었다. 아침 회의 때, 몇 개의 케이스를 보며 삭감당한 이유를 토론했으나 찾지 못했다. 심평원의 기준에 맞춰 진료하고, 증상이 나아지지 않았을 경우에만 시술했다. 전자기록에 들어가 환자 한 명씩 자세히 검토했다. 초진 시점과 재진 주기를 확인했다. 진료마다 어떤 치료를 받는지, 증상의 변화는 어떤지 살폈다. MRI에서 명확히 척추 골절이 보이는 이미지를 찾아 저장했다. 환자별로 진료 기록, 영상 검사 결과 판독지를 정리했다. MRI 검사를 하나씩 보며 판독지와 비교하고 가장 근거가 될 만한 이미지를 찾아 저장했다.

처음에는 제대로 찾을 수 없는 것도 있어서 영상의학과 원장에게 몇 번이나 찾아가 도움을 구했다. 노력이 기특하다며 영상 보는 방법에 대해 가르쳐줬다. 도움이 될 만한 책도 추천했다. 공부하고, 모르는 건 다른 원장들에게 물었다. 덕분에 이의 신청할 수 있는 근거를 정리했다. 심평원에 이의 신청했다. 두어 달이 지나고 삭감된 비용이 병원으로 들어왔다. 50건을 보냈는데, 10건은 반려당했다. 이유를 물어봤으나 기준에 부합하지 못했다는 답변만 들었다. 처음에 받았던 내용과 같았다. 선배들이 그 정도면 선방했다고 어깨를 다독였다. 얼마 지나지 않아 병원장은 수술 건에 대해서도 이의 신청을 맡겼다.

정형외과 인턴이었을 때였다. 온종일 수술방에서 수술 준비 및 수술을 도왔다. 어깨 관절 내시경 수술에 참여한 날이었다. 내시경 기계가 두 개 있었는데, 수술 과정을 녹화할 수 있었다. 기계의 모니터에서 내시경 끝에 붙어 있는 카메라에서 찍히는 부분이 보였다. 모니터를 보며 수술을 할 수 있었다. 위 내시경할 때도 의사들이 모니터로 위의 상태를 확인하고, 환자에게 보여주며 설명할 수 있는 자료가 되는 것과 같았다. 집도의가 저장된 수술 동영상을 이동식 저장 장치에 옮겨 담아갈 때가 있다. 집도의가 수술방을 나가면서 담당 간호사에게 지시했다. 간호사는 나와 함께 정형외과에서 일하고 있던 인턴을 불러 시켰다. 교수가 내게 연락이 왔다. 받았던 동영상이 재생이 되지 않는다며 해결해 달라고 했다. 수술방으로 뛰어갔다. 간호사 한 명을 붙잡고 도와달라고 매달렸다. 내시경 기계를 켜고 영상을 찾았다. 재생하는 데 문제가 없었다. 다시 이동식 저장 장치에 저장을 하고, 컴퓨터에서 재생 버튼을 누르니 되지 않았다. 간호사가 파일 확장자 문제인 것 같다며 교수에게 변환이 어렵다고 전하라고 했다. 교수도 몇 명의 간호사를 거쳐 나에게 전화했는데, 할 수 없다고 대답할 수 없었다. 당직실로 가서 인턴 몇 명을 붙잡고 늘어졌다. 파일 확장자 변환 방법을 같이 찾아보자고 매달렸다. 보통 남자들은 이런 것쯤은 쉽게 해결할 수 있지 않냐며 손목을 잡아끌어 컴퓨터 앞에 앉게 했다. 한 명이 십 분도 채 되지 않아 해결했다. 교수에게 수술 동영상 파일을 메일로 보냈다. 교수에게 고맙다는 답장을 받았다.

다음 날, 정형외과 수술방에 갔는데 간호사가 나를 노려봤다. 파일 확장자 변환을 누가 못 해서 안 하냐며 중얼거렸다. 한 번 하면 계속 해달라고 한다며 나 때문에 일이 늘었다고 했다. 정규 시간에 말하면 다행이지, 밤에도 자주 연락 온다며 괜히 안 하는 게 아니라고 했다. 얼굴이 화끈거렸다. 눈을 이리저리 굴리는데 수술실 문이 열리고 교수가 들어왔다. 교수가 내게 윙크를 하며 뭐든 잘하겠다며 고맙다고 했다.

일을 하다 보면 상사에게 별의 별 일을 다 받는다. 상사가 말을 꺼내기도 전에 어떻게 할지 걱정부터 앞선다. 질문을 끝까지 들어도 마찬가지다. 해본 적 없는 일도 많다. 시간이 갈수록 어려운 일이 많아질 뿐이다. 진급을 해야 하고, 직위가 올라갈수록 업무의 강도는 올라가기 때문이다. 인턴 때부터 불가능해 보이는 문제를 바라보는 관점을 바꾸면 어떨까? 시선을 달리하면 해결의 실마리가 보이기 시작한다. 대부분 못 하겠다고 할 때, 한번 해보겠다고 대답해보면 달라질 수 있다. 문제를 받아들고 자리로 돌아갈 때 눈앞이 캄캄할 것이다. 늘 그랬다. 처음부터 답은 보이지 않았다. 괜히 한다고 했나 후회하는 말만 귓가에 맴돌았다. 어쩔 수 없이 문제를 펼쳐놓고 어떻게 할까 고민을 시작한다. 해결의 첫 문이 열린다. 코끼리를 냉장고에 넣기 위해 특수 대형 냉장고를 제작하는 것처럼, 문제가 다르게 보인다. 예전 병원에서 그랬다. 의사, 6개월밖에 되지 않았던 내가 심평원을 상대로 이의 신청을 했고, 삭감되었던 시술 비용을 돌려받았다. 병원장이 일을 처음에 줬을 때는 할 수 있을까 싶었다고 했다. 대부분 돌려받지 못하는 경우가 많아 기대하지 않고 시켰다. 일을 받았을 때는 앞이 캄캄했다.

"한번 해볼까? 되면 좋고, 안 되면 말고!"

선배들에게 도움을 구했다. 이것저것 시도했다. 방법이 보였다. 결국 성과를 냈다. 그 경험은 내게 하나의 확신을 남겼다.

'문제보다 크고 단단한 태도만이 문제를 이긴다.'

앞으로도 할 수 없다고 말하는 대신, 해낼 수 있는 방법을 고민하기로 했다. 그 태도가 냉장고에 코끼리를 넣을 수 있게 할지도 모른다.

4

보상으로 버티지 말고
회복 설계하기

내과 인턴의 하루는 새벽 6시에 시작해 저녁 6시에 끝났다. 한 달 동안 네 명이서 번갈아가며 당직을 섰다. 평일은 저녁 6시부터 다음 날 새벽 6시까지, 주말은 새벽 6시부터 다음 날 새벽 6시까지였다. 내과 환자는 대학병원 병동의 가장 많은 수를 차지하고 있었다. 내과 인턴은 일 년 중 가장 힘든 시기였다. 근무하는 12시간 동안 적게는 2만 보, 많게는 3만 보까지 걸었다. 그만큼 많은 환자를 만났다. 점심시간도 업무 콜에 시달렸다. 식당 문 닫기 전에 뛰어와서 식판을 받고 자리에 앉으면 어김없이 전화가 울렸다. 앉으면 귀신같이 알고 전화가 왔다.

"선생님! 응급 수혈할 환자 있어요. 확인 부탁해요."

식판을 들고 자리에서 일어나 전화가 온 병동으로 갔다. 식당 점심시간을 지키지 못한 날도 꽤 있었다. 아슬아슬하게 도착한 날은 반찬이 모두 주방으로 들어가 있었다. 식판을 들고 주방으로 가 아주머니에게 사정해서 반찬을 받고 밥을 먹은 적도 있다.

매일 상처 소독하는 일은 퇴근 전까지 해야 했다. 각 병동에 가면 해야 할 일을 써 놓은 종이가 있었다. 오전부터 틈나는 대로 병동을 다니면서 했다. 어떤 날은 오후 3시에도 시작을 하지 못했다. 모든 병동에서 전화가 왔다. 도대체 언제 올 거냐고 난리였다. 같은 전화를 세 번 이상 하는 병동도 있었다. 처음에는 늦은 이유를 설명하고 양해를 구했다. 어쨌든 빨리 오라는 답변만 반복되었다. 갈수록 알았다는 대답만 하고 끊었다. 주변을 둘러보고 아무도 없을 때면 벽 보고 욕을 퍼부었다. 나도 빨리 하고 싶다고! 제시간에 퇴근하고 싶었다. 응급이 많은 날에는 퇴근 시간을 넘겨도 하고 가는 수밖에……

하루는 오후에 쉴 틈이 생겼다. 일 층 카페에서 얼음이 가득한 아메리카노를 사 들고 정문 옆 벤치에 앉았다. 한 번에 커피 반을 마시고 얼음을 입 안 가득 넣었다. 속에서 올라오던 열이 다시 내려갔다. 화끈거렸던 얼굴도 원래 색을 찾았다. 가끔 운 좋게 다른 내과 인턴을 만나면 재잘거리기 바빴다. 소리를 지르기도 하고, 욕도 했다. 욕이 튀어나오면 어김없이 둘 중 하나의 폰이 울렸다. 전화를 끊으며 눈이 마주치고 웃었다.

"그럼 그렇지. 우리를 쉽게 놔둘 리가 없지!"

밖으로 나올 때는 발걸음 소리가 터덜거렸는데, 들어갈 때는 톡톡거리는 소리와 함께 한결 가벼워졌다.

퇴근하는 길에 배달 앱을 보며 저녁을 주문했다. 집에 도착해 누워 있으면 벨소리가 울렸다. 음식이 도착했다. 드라마를 보며 저녁을 먹었다. 주인공들이 퇴근길에 편의점에 들러 캔맥주를 사서 마주 보고 앉았다. 낮에 상사에게 혼났던 일을 얘기하며 욕을 했다. 밥을 먹다 말고 편의점에 가서 맥주를 사왔다. 차가운 맥주를 마시니 낮에 쌓였던 화가 씻은 듯이 내려갔다. 드라마 주인공과 함께 속에 있는 걸 쏟아내는 기분이 들었다. 밥도 배불리 먹고, 맥주도 한 캔 마시니 눈꺼풀이 내려왔다. 남은 드라마를 보려고 소파에 기대어 앉았다. 드라마가 어떻게 끝났는지 모르겠다. 알람 소리가 울려 눈을 뜨면 침대에 누워 있었다. 기어서 화장실에 가서 씻으며 잠을 깨웠다. 무거운 발을 끌며 출근했다. 자극적인 음식과 맥주가 입을 즐겁게 했다. 잠시였다. 다음 날 피곤하고 무거운 몸, 반복되었다. 몸은 갈수록 피곤해졌다. 마음은 늘어져 있는 것 외에는 무언가를 하려고 하지 않았다.

의대 다닐 때, 나보다 열 살 정도 어린 동기들은 밤새 공부하고 시험을 쳐도 끄떡없었다. 시험 전날에도 게임방에 가서 3시간 게임을 하고 밤 11시가 다 되어서야 도서관에 나타났다. 나를 포함해 공부를 하고 있던 사람들에게 와서 중요한 부분을 말해달라고 했다. 다음 날 시험 칠 때까지 한 번도 눈붙이지 않고 공부했다. 나는 종일 수업을 듣고 저녁을 먹고 도서관으로 바로 갔다. 앉아 있으니 눈이 감겼다. 자판기로 가서 커피를 하나 샀다. 커피 한 캔을 마셔도 눈이 무거웠다. 새벽 3시쯤 되면 눈에 힘을 줘도 떠지지 않았다. 연달아 나오는 하품 때문에 시끄러울까 봐 도서관을 나왔다. 집에 가서 책을 펴자마자 잠들었다. 운동하면 체력이 좋아진다길래 헬스장을 등록했다. 전에 헬스장을 다닌 적은 있었지만, 러닝머신이나 자전거만 탔었다. 동기들이 근력운동을 해야 한다길래 트레이너에게 수업을 받기로 했다. 트레이너가 운동을 가르쳐주니 운동하기가 쉬웠다. 혼자 운동할 수 있는 계획도 세워줬다. 수업이 없는 날은 혼자 연습했다. 처음에는 헬스장에 일주일에 두 번 갔었다. 배운 운동을 연습하다 보니 일주일에 다섯 번이나 헬스장에 갔다.

트레이너가 건강한 식단을 하면 몸에 지방이 빠지고 근육이 커지는 것을 볼 수 있다며 식단 관리를 하라고 했다. 운동할 때 좋은 식단을 찾아 챙겨 먹었다. 식단을 바꾸니 몸이 가벼워졌다. 운동하기도 쉬워졌다. 점심 먹을 때쯤부터 저녁 운동 가는 시간을 기다렸다. 운동 끝나고 집에 가서 씻으면 침대에 눕기 바빴다. 밤에 아무 생각이 없어졌다. 눈 감으면 금방 잠들었다. 아침에 울리는 알람 소리가 짜증 나지 않을 때가 많아졌다. 아침에 수업 들으러 병원으로 갈 때 신나는 노래를 흥얼거렸다.

건강한 식단과 운동은 나에게 주는 상이었다. 근육통 때문에 자다가 깰 때도 있었다. 잘 때 배에서 나는 꼬르륵 소리에 배달 앱을 몇 번 보다가 폰을 내려놓은 적도 많았다. 가끔 야식을 먹고 잔 다음 날에는 속이 종일 더부룩하고, 기운이 없었다. 그런 날은 다이어리에 별표를 했다. 야식을 먹고 싶은 날이면 폰을 내려놓고 다이어리를 펼쳐본다.

스트레스 푼다며 배달 음식을 먹었다. 드라마를 보며 주인공 따라 맥주를 한잔 했다. 맥주 한잔은 순간 위로처럼 느껴졌지만 아니었다. 피로가 쌓였다. 몸과 마음은 시간이 갈수

　　　　　제 2 장

록 지쳤다. 문제를 덮어두고 보이지 않게 했다. 평소 좋아하던 책을 읽고, 운동도 하는 저녁을 보냈으면 어땠을까? 운동하고 건강한 식단을 챙기던 때가 떠올랐다. 노래를 흥얼거리며 병원으로 갔다. 주말에도 일찍 일어났다. 똑같이 쫓기듯 12시간을 보내고 집에 돌아왔는데, 저녁 시간은 완전히 달랐다. 잠드는 순간부터 다음 날 아침 일어나는 기분이 달랐다. 몸도 달랐다. 몸도 마음도 가벼웠다. 다시 운동과 건강한 식단을 하는 루틴을 세우기로 했다. 하루를 버티기 위한 나쁜 습관은 결국 나를 무너뜨린다.

5

삶의 중심을 되찾는 휴식

"열심히 일하는 만큼 나를 돌아보고

쉬는 시간을 가지기로 했다."

2023년 3월, 대학병원 인턴이 되었다. 첫날, 아침 7시, 응급실 출근이었다. 일주일 전부터 인수인계를 받았다. 병원 기숙사에 트렁크 두 개를 끌고 도착했다. 2인 1실이었지만, 룸메이트는 병원 근처에 집이 있어서 혼자 쓸 수 있었다. 여자 인턴은 총 여섯 명, 그 중 기숙사에 사는 건 나뿐이었다. 전문의가 되기 위한 첫 관문이었던 인턴, 잘 해내고 싶었다. 인턴은 전쟁터에 나간 군사 같았다. 주 80시간 이상 일했다. 자다가도 응급 상황에 대한 방송이 나오면 벌떡 일어나 해당 병실로 전력 질주했다. 덕분에 파란색 근무복은 자나 깨나 입고 있었다.

　맡은 일은 실수 없이 해야 했다. 작은 실수도 환자에게 위해를 가할 수 있었기 때문이었다. 밤을 꼴딱 새고 난 다음 날도 문제없어야 했다. 일 잘하는 것은 레지던트로 지원하는 과에 합격하는 데도 도움이 되었다. 한번 과가 정해지면 대부분 평생 그 분야의 전문의로 살아가기 때문에 인턴은 중요한 시기였다. 일만 생각하고 싶었다. 그래서 기숙사에 살게 되었다. 쉬는 날도 기숙사 방에 누워서 응급 방송을 들었다.

　십 년 전, 미국으로 건축 대학원을 갔을 때였다. 집값 아껴보려고 학교에서 1시간 반이나 떨어진 친구 집에 얹혀살았다. 수업이 없는 주말에는 아르바이트를 했다. 오후 5시쯤 수업이 끝나고 집에 돌아오면 8시가 다 되었다. 저녁 먹고 누우면 곧장 잠들었다. 새벽 6시 전에 일어나 학교에 갔다. 주말에 늦잠 자고 아르바이트를 다녀오면 일요일 저녁이 금세 돌아왔다. 공부할 시간이 없었다. 시험기간이나 실기 수업 작품 제출 날이 다가오면 학교에서 밤을 샜다. 집에 갈 시간도 아까웠기 때문이었다. 겨우 한 학기를 마치고 방학이 되었다. 성적은 바닥을 기었지만, 방학 때 아르바이트를 해서 돈을 모아야 했다. 부족했던 부분을 보충할 시간이 없었다. 학교보다 아르바이트하는 식당에 더 많이 갔다. 학교에서는 성적을 올리라고 했고, 식당에서는 월급을 올려주며 매니저를 하라고 했다. 건축 말고 다른 일을 해서라도 미국에서 먹고살겠다는 생각이 들었다. 방학 때 틈틈이 학업에 도움 되는 공부를 하려고 했으나, 식당일 하느라 바빴다. 한국인 친구들과 노느라 학교를 잊었다. 학교에서 내가 말하면 몇 번이나 되묻던 미국인들, 그 틈에서 살아남기 위해 영어 공부를 열심히 했어야 했다. 그들과 함께 시간을 더 보내려고 노력했으면 어땠을까? 왕복 3시간 등굣길에서 혼자 시간을 보냈다. 다음 학기가 시작되고 문제는 반복되었다. 얼마 지나지 않아 교통사고를 당했다. 일 년 동안 휴학을 할 수밖에 없었다. 일 년 쉬었다가 학교에 가니 처음보다 더 낯설었다. 나를 챙겨주던 몇 안 되는 친구들도 다른 학년이 되어 더 이상 함께 할 수 없었다.

다시 유학을 간다면 학교 캠퍼스 내 기숙사에 살 것이다. 공부하러 갔으니 공부에만 집중해야 하지 않겠는가! 같은 과 친구들과 함께 저녁도 먹고 도서관도 갈 거다. 주말이면 같이 야구도 보러 가고, 운동도 해야겠다. 사투리로 말하면 그들이 나에게 몇 번이나 되물었던 것처럼 무슨 말인지 설명해 달라고 할 것이다. 학교에 적응했더라면 지금쯤 미국 건축사가 되어 있지 않았을까?

병원에서도 마찬가지다. 병원에 적응할 때까지 기숙사에
살기로 했다. 온전히 일에만 집중하고 싶었다. 이번에는 한
순간도 한눈팔고 싶지 않았다. 같은 실패를 반복하기 싫었
다. 기숙사에 사니 출퇴근 시간이 오 분도 걸리지 않아 편했
다. 근무복을 입고 생활하니 빨래할 거리도 적었다. 기숙사
청소 아주머니가 있어 집안일이 줄었다. 삼시 세끼 병원에서
먹을 수 있었다. 일이 끝나면 구내 식당에서 저녁을 먹고 기
숙사로 돌아왔다. 저녁에 식사 준비, 정리하는 시간이 사라
지니 여유가 생겼다. 기숙사 휴게실에 있는 컴퓨터 앞에 앉아
서 종일 만났던 환자 경과를 볼 수 있었다. 주치의가 어떤 질
환을 의심하고 추가 검사는 무엇을 하였는지 볼 수 있었다.
치료 과정도 확인했다. 책에서 배운 내용이 살아 움직였다.

　일한 지 넉 달 정도 지난 어느 토요일 당직이었다. 아침 8
시부터 수술실에 들어갔다. 토요일인데 응급 수술이 연달아
세 개나 있었다. 수술실에서는 앉을 데도 없다. 서 있어야 했
다. 무거운 것도 많이 들고, 가만히 기구를 잡고 있어야 하기
도 했다. 대부분 몸 쓰는 일이었다. 그날 많이 쓴 근육이 아
파서 자다가 깰 때도 있었다. 저녁 7시가 되어서야 수술실을
나올 수 있었다. 샌드위치를 하나 사서 먹으려고 앉았다. 다
먹고 일어나려는데, 허리가 뻣뻣하고 아팠다. 테이블을 붙잡

고 천천히 일어났다. 주변을 돌아보니 아무도 없었다. 양손으로 허리를 잡고 걸어서 기숙사로 갔다. 수술실에 있으면서 밀린 일은 1시간 뒤로 미뤘다. 침대에 누우려는데 비명을 질렀다. 눈물이 주르륵 흘렀다. 이러다 허리 끊어지는 거 아닌가? 30분 정도 누워 있으니 통증이 가셨다. 다시 일어나려는데 몸이 움직여지지 않았다. 침대를 빠져나오는 데 10분이나 걸렸다. 평소에는 10분도 걸리지 않는 중환자실에 30분이나 걸려 걸어갔다. 정규 업무가 A4용지 세 장에 걸쳐 빼곡히 쓰여 있었다. 일주일 전부터 운동할 때, 몸이 무거웠다. 몸이 피곤하다고 말했는데 체력을 키워야 한다며 귀를 닫고 매일 운동을 했다. 몸은 점점 더 지쳤다.

　기숙사에서 쉬고 있던 친구에게 전화를 걸었다. 허리가 아파서 움직이기 힘들다고 도와달라고 했다. 친구가 나를 잡고 응급실로 끌고 갔다. 응급실 구석에 커튼을 치고, 진통제를 맞았다. 간호사들에게 비밀로 해달라고 했다. 진료 기록은 남지만, 일부러 찾아보지 않는 이상 알기 힘들지 않을까. 인턴은 일 년 내내 평가받는 터라 아픈 것도 약점이 될 수 있다며 친구가 나를 응급실 구석에 숨겨줬다. 나와 비슷하게 머리를 묶고 마스크를 쓰고 나 대신 중환자실에 갔다. 수액을 맞는 동안 정규 업무를 해주었다. 친구 덕에 그날 밤에 쉴 수

　　　　　제 2 장

있었다. 아직 절반도 달리지 않은 경주였다. 그동안 전력 질주했다.

마라톤 경기에는 페이스 메이커가 있다. 특정 목표 시간 내에 완주하려는 주자들을 돕기 위해 함께 달리며 속도 관리를 해주는 주자를 말한다. 42.195km를 완주하려면 전략이 필요하다. 그냥 잘 뛰면 될 거 같아 보여도 그렇지 않다. 완주하기 위해서 러너의 체력이 완전히 고갈되지 않게 적절히 분배해서 써야 한다. 몇 개의 지점을 나눠놓고 각 지점마다 정해둔 시간에 들어가는 것을 목표로 뛴다고 한다. 최종 목표 시간을 달성하기 위한 전략이기도 하다.

인턴은 일 년 과정이다. 아무 전략 없이 냅다 뛰었다. 뛰다 보니 어디로 뛰는지도 잊었다. 신발 한 짝이 벗겨져도 모를 판이었다. 달리던 어느 날, 나도 버렸기 때문이었다. 쉬어야 한다고 소리 질렀을 때 모른 척했다. 결국 타이어에 펑크가 난 것처럼 몸이 퍼졌다. 스페어타이어도 없었다. 허리를 삐끗한 이후, 쉴 때마다 침대에 누워 있었다. 누워서 천정에 있는 격자무늬 타일을 세고 있었다. 다 세어도 잠이 오질 않았다. 아침에 눈 뜨면 몸이 가볍게 해달라고 수십 번 빌면서 잠들었다.

기숙사 살면서 병원 일을 빨리 배울 수 있었다. 첫 달부터 일 잘한다는 소리를 많이 들었다. 저녁 때도 쉬지 않고 컴퓨터 앞에 앉아서 공부했다. 36시간 연속 근무를 하고 나서도 체력을 키우겠다며 헬스장에 갔다. 그때 쉬었다면 허리를 다 쳤을까? 쉴 때 쉬었으면 지금도 달리고 있지 않을까? 몰입했을 때 좋은 성과가 따라왔다. 문제는 한번 넘어지니 일어나기가 힘들었다. 몸이 완전히 회복되는 데 한 달이나 걸렸다. 좋아하는 운동까지 못 하게 되니 그동안 나 스스로에게 무슨 짓을 했나 싶었다. 남은 인턴 기간, 좋은 성과로 완주하기 위해서 전략이 필요했다. 열심히 일하는 만큼 나를 돌아보고 쉬는 시간을 가지기로 했다.

6

일과 삶의 경계를
다시 긋기

“꿈은 가까이에 있었다.

오늘, 내가 서 있는 곳에 있었다.”

“쌤은 전문의 따고 어디에서 일하고 싶어요?”

“글쎄, 근데 내가 왜 쌤한테 개인적인 이야기를 해야 하지?”

당직실 컴퓨터 앞에 앉아 있었다. 문이 쿵 하고 열리며 한 인턴이 들어왔다. 옆에 앉아 나에게 앞으로 어떻게 할 것인지 물었다. 아직 전공도 정해지지 않았는데, 무슨 미래가 있나 싶었다. 얼굴이 빨개져 옆에 있던 종이로 부채질을 했다. 아차 싶었지만, 말이 입 밖으로 나온 뒤였다. 물어보는 게 무슨 잘못이라고. 꿈이 없다는 사실을 들켜버린 기분이었다. 레지던트로 합격하지 못하면 뭘 해야 하나 고민 중이었다.

인턴 내내 마취통증의학과 레지던트로 합격하기만 바라고 있었다. 그 이후는 생각하지 않았다. 붙으면 시키는 일 열심히 하면 된다고 생각했다. 동기의 질문에 의문이 들었다. 합격이 꿈일까? 아니, 그건 계획이자 목표였다.

고등학생 때, 〈러브하우스〉라는 TV 프로그램을 매주 봤다. 열악한 환경에 사는 사람들의 집을 고쳐줬다. 하루는 서울 어딘가 달동네에 있던 집이 나왔다. 차로 들어갈 수 없는 곳이었다. 스무 평도 채 되지 않는 집에서 삼 대 가족, 총 여섯 명이 살고 있었다. 방은 하나였다. 집 구석구석 옷더미가 쌓여 있었다. 방에 옷장이 두 개 있었지만, 여섯 명의 옷을 넣기에 역부족이었다. 접이 식탁을 사용했다. 식사 시간이 되면 거실에 쌓인 짐을 가장자리로 밀고 식탁을 펼쳤다. 밤이 되면 식탁을 접고, 이불을 폈다. 방에 두 명, 거실에 네 명이 잤다. 방에서 자다가 화장실에 가다가 거실에서 자는 사람을 밟기 일쑤였다. 실내 디자이너는 이리저리 공간을 살피고, 가족들의 불편과 요구사항을 들었다. 공사가 끝난 후, 현관문을 여는데 가족들의 입이 벌어져 닫히지 않았다. 눈이 휘둥그레져 현관에 줄지어 서서 들어가지 못했다. 거실에서도 한동안 입을 벌리고 서 있었다. 초등학교 3학년이었던 막내가 매일 친구들을 집에 데리고 오겠다며 방과 거실을 뛰어

 제 2 장

다녔다. 가족들이 서로 부둥켜안고 울었다. 방송에서 실내 디자이너 눈이 반짝이고 있었다. 눈물이 그렁거리다가 뚝 떨어졌다. 눈이 보이지 않을 정도로 반달 모양을 했다. 학교에서 수업 들을 때, 가끔 그 디자이너의 표정이 생각났다. 그런 눈을 가진 사람이 되어야겠다고 마음먹었다.

지난해, 척추전문병원에서 일할 때였다. 진료실 문이 열리고, 흰머리 아저씨가 목발을 짚고 들어왔다. 오른쪽 다리를 질질 끌었다. 오른쪽 다리가 점점 힘이 없어지더니 이제는 걷기도 힘들다고 했다. 신체 진찰을 했다. 다리에 힘을 주면 근육이 약간 수축할 수 있는 정도였다. 다리를 움직일 힘은 없었다. 병원장의 진료를 보고 내 방으로 다시 들어왔다. 바로 입원하라는 지시를 받았다. 그날 입원을 하고, 저녁때 MRI를 찍었다. 척추관 협착증이 심했다. 다리로 내려가는 신경 손상이 많이 진행되어 있었다. 곧 오른쪽 다리가 마비될 것 같았다. 병원장은 환자에게 검사 결과 보여주며 수술하면 마비 진행을 막을 수 있다고 했다. 수술을 서둘렀다.

수술이 끝나고, 일주일이 지났다. 아저씨는 여전히 목발을 사용해서 화장실에 다녀왔다. 일주일이 지나 퇴원하는 날이 되었다. 아저씨 병실은 텅 비어 있었다. 침대 옆에는 목발이 있었다. 놀라서 계단을 뛰어 내려가 일 층으로 갔다. 일 층 엘리베이터 문이 열리고, 아저씨가 걸어 나왔다. 아저씨를 데리고, 병원장의 진료실로 갔다. 목발 아저씨가 걸어서 퇴원한다고 알렸다. 병원장이 목을 기린처럼 빼고 진료실 밖을 봤다. 아저씨가 손을 들며 허리를 숙여 인사했다. 호랑이 같던 병원장의 눈에 힘이 풀렸다. 눈가가 촉촉해지고, 눈동자가 반짝거렸다. 그 순간, 20년 전 방송에서 봤던 실내 디자이너가 떠올랐다. 병원장과 실내 디자이너의 반짝이는 눈을 가지고 싶었다. 그 빛을 기억하고, 닮고 싶었다. 병원장의 눈빛을 보며 잊었던 꿈이 생각났다. 의사가 되는 것은 그 눈빛을 가질 수 있게 해주는 도구였을 뿐. 꿈 자체는 아니었다. 내가 어떤 일을 하든, 그런 눈을 가진 사람이라면 충분하지 않을까?

레지던트 합격이 목표였지만, 꿈은 아니었다. 꿈은 직업이 아니다. 어떤 사람이 되고 싶은가? 어떤 눈으로 세상을 바라보고 싶은가? 디자이너와 병원장의 눈빛처럼 자신의 일에 열정이 넘치면서도 따뜻했으면 좋겠다. 꿈을 꾸고 이루는 것은 하루를 어떻게 살아가느냐에 달려 있다. 첫째, 하루 계획을 세우고 성실히 해야 할 일을 한다. 둘째, 작은 친절을 잊지 않는다. 만나는 사람들에게 먼저 웃어주고 인사한다. 상대방이 짜증 내도 넘어간다. 상처 소독을 할 때도 환자들이 덜 아프게 써서 한다. 마음을 다해 일했는지 점검해야 한다.

셋째, 내가 되고 싶은 사람을 기억한다. 그동안 목표만 보느라 내가 어떤 사람이 되고 싶었는지 잊었다. 인턴 동기의 말 한마디에 목표를 넘어선 꿈을 보았다. 꿈은 가까이에 있었다. 오늘, 내가 서 있는 곳에 있었다. 오늘부터 다시, 내가 되고 싶은 사람이 되도록 노력하기로 했다.

7

회피하지 말고
해낼 방법 찾기

"힘들어도 끝까지 해내고 버텼다.

나를 내 일상의 중심으로 다시 자리 잡게 했다."

대학교 마지막 학기에 건축 시공학 수업을 들을 때였다. 수업 듣는 동안 관심 있는 건축 재료 하나를 선택해서 공부하고 발표 준비를 해야 하는 과제가 있었다. 재료에 대해 이해하고 시공하는 방법을 알아야 했다. 설계 전공이었던 터라 건축 재료를 어떻게 시공하는지 관심이 없었다. 나중에 설계만 하고, 시공은 전문가에게 맡기면 되지 않을까. 수업을 건성으로 들었다. 친구들에게 재료를 하나 정해달라고 했다. 도서관에서 시공학 교과서를 빌려 선택한 재료에 관한 내용을 그대로 옮겨 발표 자료를 만들었다.

발표 전날, 잠을 설쳤다. 교과서를 읽는 것과 다름없을 거다. 수업 시간에 강의실 뒤쪽 구석에 앉았다. 발표하는 사람들을 볼수록 가슴이 두근거리고 배가 아프기 시작했다. 화장실을 몇 번 들락날락하니 내 이름이 지나갔다. 수업 시간이 끝났다. 조교는 발표 자료를 제출하고 가라고 했다. 친구들 틈에 껴서 자료를 던지듯 책상에 올려두고 밖으로 나왔다. D 학점을 받았다. 가끔 대학 성적표를 발급할 때면 D가 제일 먼저 눈에 띄었다. 한겨울에도 등에 땀이 흘렀다.

시공학을 들었던 학기는 설계 수업의 꽃이었던 졸업 작품 전시가 있었다. 4학년 내내 졸업 설계만 준비하는 사람처럼 살았다. 틈만 나면 종이에 건물 디자인 그림을 그렸다. 마음에 드는 디자인을 골라 모형을 만들고, 도면을 그렸다. 점심 먹고 설계실에 들어가면 새벽까지 나올 줄 몰랐다. 다른 친구들도 마찬가지였다. 설계실에 꼬르륵 소리가 다섯 번 넘게 나면 한 명이 소리쳤다. 밥 뭐 시킬까? 그제야 하던 일을 멈추고 설계실 중앙에 있는 큰 테이블에 모였다. 저녁을 먹으며 배꼽 잡고 웃다가 다시 각자의 자리로 돌아갔다. 창밖이 캄캄해지고도 한참 지나서야 하나, 둘 집으로 갔다. 때론 밝아지면 집에 가기도 했다. 일 교시가 있는 날은 바닥에 웅크려 잤다. 집에 갔다가는 낮에나 다시 나올지도 모르기 때문이었다.

대학병원 인턴, 기숙사에서 오 분 대기조였다. 출근 시간 전에도 업무 전화가 올 때도 있었다. 전화를 받자마자 병동, 응급실, 수술실, 어디든 뛰어갔다. 뛰어가는 길에 일을 어떻게 할지 머릿속으로 시뮬레이션 했다. 도착하자마자 일을 정확하고 빠르게 하고 싶었다. 쉬는 시간이 생기면 그날 중요한 일과 잘해야 하는 일의 우선순위를 정했다. 그 중, 모르는 것이 있으면 몇 명에게 물어봐서라도 알아냈다.

아플 때도 있었다. 병원에 있지만 진료를 보기 힘들었다. 내가 퇴근하면 진료 시간도 끝났기 때문이었다. 진통제를 먹으며 참았다. 누구에게도 아픈 것을 말하지 않았다. 도와달라고 하지도 않았다. 나이 많은 인턴이 아픈 건 당연하다는 소리를 듣고 싶지 않아서였다. 누구나 아플 수 있지만, 나는 예외였다. 레지던트로 합격하기 전까지는 틈을 보이고 싶지 않았다. 내일은 없는 사람처럼 매일 온 힘을 다 썼다. 시간이 갈수록 일 잘한다는 소리를 들었다. 주변에서 웬만하면 합격할 거라고 들었지만, 방심할 수 없었다.

병원은 소문이 빨리 도는 곳이다. 칭찬보다는 험담이 훨씬 더 빨랐다. 험담은 반나절만 지나도 온 병원 사람들이 알았다. 한 번의 실수도 용납할 수 없었다. 무슨 일을 하든지 몇 번씩 제대로 했는지 확인했다. 퇴근 후에도 전자 차트를 보았다. 저녁이 되면 어깨 근육이 돌덩이가 되어 있었다.

일요일에 응급 수술이 생겼다. 당직이었던 인턴이 응급실에서 온 전화를 받았다. 수술명을 들었다. 응급 개복 수술이라고 했다. 수술실로 가서 수술을 준비하는 간호사들에게 전했다. 간호사들은 내시경 수술인 줄 알고 준비하고 있었다. 개복이라는 단어를 듣자마자 그들의 손과 발이 빨라졌다. 금세 수술실 내에 물건들이 달라졌다. 교수가 들어왔다.

"내시경 어디 갔어?"

소리를 질렀다. 간호사들이 인턴을 바라봤다. 인턴이 개복 수술인 줄 알았다고 개미 목소리로 대답했다. 간호사들이 기구를 덜거덕대며 치웠다. 수술실을 들락날락거리며 새로운 기구들을 가져왔다. 월요일 아침, 전날 당직 인턴이 지나갈 때마다 만나는 간호사들이 히죽거렸다. 인턴이 수술명 하나도 정확히 모른다며 수근거렸다. 남 일 같지가 않았다. 영어로 된 수술명을 줄여서 쓰는데, 두 단어 차이로 개복과 내시경으로 나뉘었다. 그럴 수도 있을 거 같은데, 가재는 게 편이었다. 사람들이 속닥거리는 것을 들을 때마다 내 얼굴이 빨개졌다. 온몸의 털이 곤두섰다. 당직할 때 자다가 전화를 받아도 수술명과 방법을 두 번 묻고 대답을 들었다. 통화 내용을 녹음하고 다시 들었다.

힘들면 대충했다. 건축 시공학처럼 마무리를 하지 않고 포기한 적도 있었다. 지금까지 성적표를 보면 그때가 떠올라 마음 한구석을 무겁게 했다. 이제는 그런 성적표를 남기고 싶지 않았다. 쓸모없어 보이는 일이더라도 끝까지 잘 해내고 싶었다. 잘하고 싶은 마음 하나로 매일 버텼다. 눈에 띄지 않는 실수 하나도 그냥 넘기지 않았다. 여러 번 점검했다. 실수를 하더라도 바로 수정하려고 노력했다. 노력은 나를 바꾸었다. 강의실 구석에 숨어서 그 시간이 지나가기를 바라지 않았다. 받은 일을 하는 인턴이었지만, 그 일의 중심에는 내가 있었다. 힘들어도 끝까지 해내고 버텼다. 나를 내 일상의 중심으로 다시 자리 잡게 했다.

제 2 장

8

자기 점검을
습관으로 만드는 법

"즐겁게 일을 하고 있는가?

매일 만나는 사람들이 내일도 함께 일하고 싶어 하는가?"

인턴, 한 달밖에 남지 않았다. 이전보다 일이 적었다. 교수 외래 진료를 돕고, 스무 명 정도의 병동 환자 케어였다. 진료실에 앉아 있는 시간이 많았다. 병동에서 급하게 부르는 일은 거의 없었다. 이전과 달리 퇴근할 때 발걸음이 가벼웠다. 그런데도 운동은 가지 않았다. 피곤해서 운동을 못 가는 줄 알았는데, 안 가는 거였다. 쉬는 날이면 종일 집에 있었다. 인턴 초반에는 일주일에 세 번 헬스장에 갔다. 쉬는 날이면 친구와 맛집을 찾아다녔는데, 침대에 누워 배달음식을 시켰다. 해 질 무렵에 밥을 먹으면서 드라마를 봤다. 멍하니 보다 보면 잠들었다. 알람이 최소 다섯 번은 울려야 일어났다. 아침에 무거운 몸을 끌고 출근했다. 병원에서 보는 사람마다 피곤해 보인다고 요즘 일이 많냐고 어깨를 토닥였다. 퇴근 시간이 다가오면 오히려 몸이 가벼워졌다. 집에 가면 다시 소파나 침대에 붙어 있었다.

애플 워치로 시계를 보면 2년 전 찍었던 바디프로필 사진이 바탕화면이었다. 시간을 확인하고 손바닥으로 화면을 덮었다. 하루는 사진을 유심히 봤다. 불과 2년 전, 본과 4학년 때였다. 의사 국가고시를 준비하면서도 헬스장에 거의 매일 갔다. 공부만 해도 시간이 모자랐지만, 운동을 놓지 않았다. 하루가 22시간이라고 생각하고 계획을 세웠다. 운동을 위한 2시간은 지키기 위해서였다. 저녁 8시에는 헬스장에 갔다. 저녁 식사 전까지 그날 정해 놓은 공부를 하려고 노력했다. 운동 다녀와서 씻으면 10시가 넘었다. 1시간 정도 공부를 더 하고 쉬었다. 운동하는 만큼 건강한 식사에 관심이 갔다. 탄수화물, 단백질, 지방을 골고루 갖춘 식단에 신경을 썼다. 친구들과 외식을 할 때도 패스트푸드는 피했다. 친구들이 공부하면서 운동도 하면 지칠 것 같다며 걱정했다. 운동하기 전보다 기운이 넘치는 것 같았다. 시간이 갈수록 아침에 눈 뜨기가 쉬워졌다. 알람 울리기 전에 눈 뜨고 일어나서 스트레

          제 2 장

칭 할 여유도 생겼다.

매달 시험을 쳤던 본과 2학년 때에는 점심시간에 글을 썼다. 1학년 때부터 아침 8시부터 5시까지 수업이 있었다. 매일 같은 교실에서 종일 수업을 들었다. 수업이 끝나면 저녁 먹고 새벽까지 공부했다. 지칠 때마다 같이 공부하는 친구를 붙잡고 얘기를 했다. 매일 새벽에 자서 피곤한데, 수다까지 떨고 가는 날은 3시간도 겨우 잘 때가 많았다. 오랜만에 하는 학교생활이라 늦게 집에 가도 아침에 가벼운 발걸음으로 학교로 향했다.

그것도 잠시였다. 시간이 갈수록 아침에 일어나기 힘들었다. 지각하는 날도 많아졌다. 주말에는 집에서 자다가 오후에 일어났다. 월요일이 이전보다 빨리 왔다. 새벽에 친구 붙잡고 푸념하는 시간을 줄이고 자는 시간을 늘렸다. 친구에게 하던 이야기를 일기로 썼다. 자기 전에 쓰려고 했지만, 평일에는 집에 들어가자마자 잊고 침대에 눕기 바빴다. 일기 쓰는 시간을 바꿨다. 점심을 간단히 먹고 글을 썼다. 점심시간은 1시간뿐이었지만, 글 한 편 쓰기에는 충분했다. 일기는 고민하는 것보다 쓰는 게 더 중요하다. 말이 되든지 안 되든지 상관없었다. 나만 보는 일기였다. 매일의 나를 기록했다. 어떤 날은 욕으로 가득했다. 어떤 날은 몇 번이나 다시 읽어볼

만큼 입꼬리를 올려주는 글이었다.

인턴 초반에는 웬만한 일도 웃으며 넘겼다. 쉬는 날이면 친구를 만나 속마음을 쏟아냈다. 맛있는 음식 먹으면서 병원 일을 잊었다. 병원에 오면 가슴이 답답하고 머리가 뜨거워졌다. 냉탕과 온탕을 반복했다. 처음에는 스트레스가 사라졌다. 인턴 중반 넘어가면서 냉탕까지 가는 것도 힘들었다. 온탕에서 버티다가 잠시 탕 밖에서 쉬었다. 다시 온탕으로 들어가니 몸의 열기가 식기 힘들었다. 함께 일하는 친구들도 마찬가지였다. 서로 바빠서 붙잡고 속마음 꺼낼 여유도 없었다. 쉬는 날이면 집에서 뒹굴기 바빴다. 인턴이 끝날 무렵에는 덜 바빴지만, 미간의 주름은 더 찌그러져 있었다. 두통도 생겼다. 하루는 교수가 요즘 집에 무슨 일 있냐고 했다. 눈을 찡긋거리며 입꼬리에 힘을 주어 최대한 올렸다. 얼굴이 이상한가 싶어서 화장실로 가 거울 앞에 섰다. 눈은 가자미처럼 옆으로 길어져 있었고, 입꼬리는 아래로 축 늘어졌다. 나도 미간에 주름이 있는 줄 처음 알았다. 엄마가 잔소리할 때 짓는 표정과 같았다. 아침부터 일그러진 얼굴이었다. 이 얼굴을 마주하는 사람들에게 미안해졌다. 거울에 비친 내 얼굴도 보기 힘든데, 다른 사람들은 어떨까? 검지손가락으로 미간을 문질렀다. 그래도 주름이 펴지지 않았다. 눈을 감고 동그

     제 2 장

랗게 뜨기를 반복했다. 조금은 보기가 나았다. 진료실로 가면서 만나는 직원들에게 반달 모양 눈으로 인사를 했다. 연습하다 보면 낫겠지.

국가고시 준비하던 시절에도 매일 저녁 운동을 했다. 하루 종일 수업을 듣고, 새벽까지 공부를 해야 했을 때도 점심시간을 쪼개 글을 썼다. 운동과 글쓰기는 시간을 빼앗아 가기는커녕, 공부할 때 집중이 잘 되게 했다. 몸과 마음을 지켜준 건 아닐까? 반복되는 일상과 잦은 시험 때문에 지칠 때가 많았다. 넘어지더라도 일어설 수 있게 도와주었다. 인턴 하면서 몸과 마음이 무너졌다. 레지던트 합격, 그것만이 인턴의 목표는 아니었다.

"즐겁게 이 일을 하고 있는가? 매일 만나는 사람들이 내일도 함께 일하고 싶어 하는가?"

두 질문에 대답하기 힘들어졌다. 이대로 끝낼 수는 없었다. 다시, 나를 돌아보고 돌봐야 했다. 오랜만에 노트북을 펴고 책상 앞에 앉았다. 나를 돌아보지 않는 나에게 편지를 썼다. 한 문장 쓰고 나니 손가락이 멈추지 않았다.

깜박거리는
경고등 끄기

"겨울, 끝이 아니다.
봄을 준비하는 계절이다."

1
몸이 보내는 번아웃 알림

"겨울, 끝이 아니다.

봄을 준비하는 계절이다."

헬스장에서 2년 만에 인바디를 측정했다. 근육량은 비슷했으나, 체지방률이 18%에서 26%로 올랐다. 신체나이는 35세에서 41세로 껑충 뛰었다. 집에 꺼져 있던 체중계에 새 배터리를 넣고 전원을 켰다. 폰에 설치되어 있던 앱과 연동시켰다. 체중계에 올라갔다. 앱에서 알람이 울렸다. 다른 사람인 것 같단다. 새로운 아이디를 설정할지 물었다. 그렇다고 했다. 아이디를 만들고 체중을 다시 쟀다.

3년 전, 의대 본과 3학년 때 살면서 처음 헬스장에 갔다. 나보다 열 살 이상 어린 동기들과 밤새가며 공부하려니 체력을 길러야 했다. 동기들은 두어 시간만 자고 일어나서 쌩쌩

하게 공부했다. 일주일 내내 시험을 쳐도 끄덕없었다. 뒤처지기 싫어서 동기들이 도서관에 있을 때 무조건 함께 있었다. 첫 시험 때, 이틀 밤을 꼬박 새고 시험을 쳤다. 나도 괜찮을 줄 알았다. 시험을 치는데 눈이 자꾸 감겼다. 손등을 꼬집어가며 문제를 풀었다. 답안지를 작성하는데 귀가 멍해졌다.

"시험 종료 10분 전입니다. 답안지를 작성하세요."

방송이 들려 정신을 차렸다. 50문제나 되는 답을 답안지에 쓰기 시작했다. 컴퓨터 사인펜으로 답을 마킹하는데, 마지막에 한 칸이 남았다. 한 문제씩 앞으로 밀려 썼나 보다. 오른손을 들며 조교를 쳐다봤다. "시험 종료!"라고 조교가 소리 질렀다. 뒤에서 답안지를 걷는 소리가 가까워졌다. 마지막 칸에 아무거나 검게 칠하고 답안지를 냈다. 시험 결과는 꼴찌였다. 차라리 자고 올 걸. 후회해도 소용없었다. 시험 전날 외웠던 것, 아무 소용이 없었다. 답안 체크를 제대로 못 했으니, 문제 푼 것도 무용지물이었다. 다음 시험부터는 밤을 꼴딱 새지는 않았다. 덜 외우더라도 자는 게 나았다.

수업 끝나고 헬스장으로 바로 가는 동기들도 있었다. 나는 집에 가서 저녁 먹고 누워 있다가 도서관에 갔다. 운동하고 저녁 먹고 도서관으로 오는 동기들은 생기가 넘쳤다. 집에서 쉬다가 왔던 나는 세상 무거운 짐 끌고 들어가는 모습인데.

다른 세상에 사는 사람들이었다. 나도 헬스장에 가면 비슷해질 수 있을까? 몇 번이나 헬스장 앞을 기웃거렸다. 3학년이 되어서야 헬스장에 등록했다.

일주일에 두 번, 트레이너에게 운동을 배웠다. 수업 전날, 수업을 취소할까 수십 번이나 톡을 썼다가 지웠다. 당일 수업 취소는 수업 횟수에서 차감되었다. 돈이 아까워서라도 헬스장에 갔다. 트레이너는 매 수업마다 운동 신경이 좋다며 입이 마르도록 말했다. 마흔 살 될 때까지 처음 들어보는 소리였다. 초등학생 때부터 체육 시간이 제일 싫었다. 100m 달리기는 체육 시간에 연습을 시키는데 하지 않았다. 아프다며 나무 그늘 밑에 앉아 있었다. 시험 날에만 뛰었다. 20초, 꼴찌였다. 여자들은 피구를 많이 했다. 공이 나에게 날아오면 몸이 얼음처럼 굳었다. 내가 공을 던지면 상대편 선수들이 항상 공을 잡았다. 친구들이 피구를 같이 하자고 하지 않았다. 덕분에 체육 선생님도 나에게 아무것도 시키지 않았다. 나무 그늘 아래 앉아 있는 것이 나의 체육 시간이었다.

헬스장에 갈 때마다 칭찬을 들으니 수업이 없는 날에도 헬스장에 가게 되었다. 일 년 정도 지나면서 거의 매일 헬스장에 갔다. 동기들과 모이면 운동 이야기를 많이 하게 되었다. 그러다 보니 헬창 동기들과 국가고시 준비를 하게 되었다.

헬창들은 식단도 잘 챙겨 먹었다. 나도 덩달아 점심, 저녁 식사를 운동하는 사람답게 먹게 되었다. 운동을 할수록 근육 만들기에 관심을 가지게 되었다. 동기들이 하나둘씩 바디프로필을 준비하면서 나도 촬영 예약을 하게 되었다. 헬스장 가는 길이 더 가깝게 느껴졌다. 뭘 먹으면 좋을지 찾고, 서로 추천해주었다.

온종일 앉아서 공부해도 뒷목이 뻐근해지지 않았다. 구부정하던 어깨도 바르게 펴졌다. 거울 앞에서 어느 순간 복근이 보이기 시작했다.

"하면 되는구나!"

걷는 자세가 달라졌다. 머리를 하늘에서 잡아당기는 것처럼 곧아졌다. 국가고시는 반년 앞으로 다가왔다. 모의고사 반타작이었지만, 걱정되지 않았다. 일 년 전 성적과도 비슷했다. 그때는 두통약을 며칠에 한 번은 꼭 먹었다. 시험은 다가오고 있었으나 두통이 없어졌다. 한 손으로 단단한 배를 만지며, 몸처럼 성적도 변할 수 있다는 생각을 했다. 바디프로필도 찍고, 국시도 괜찮은 성적으로 통과했다.

대학병원 인턴이 국시 준비생보다 바빴다. 일주일에 두세 번은 당직을 서야 했다. 주말도 예외는 없었다. 밤을 새다 보니 당직 다음 날은 잤다. 주말에는 아침에 퇴근하고 저녁이

 제 3 장

될 때까지 잤다. 일어나서 멍하니 누워 있다가 밥 먹고 또 잤다. 일하는 날은 평균 이만 보는 걸으니 운동하지 않아도 괜찮겠지. 아니었다. 인바디를 확인하니 헬스장을 다녀야겠다는 생각이 들었다. 일주일에 두 번만이라도 오자고 결심했다. 미쉐린 타이어 캐릭터가 떠오르며 온몸에 닭살이 돋았다.

 피곤하다고 누워서 쉬는 건, 진정한 휴식이 아니었다. 2년 사이에 생체 시계를 6년이나 흐르게 했다. 몸을 충전시킨 것이 아니라, 방전시킨 것이었다. 바쁘다는 핑계를 대며 몸을 망가뜨렸다. 병원 정문 앞 공원 나무에 나뭇가지가 잎 하나 없이 앙상했다. 문밖으로 나가자마자 귀가 빨개지고 콧물이 흘렀다. 처음 병원 오던 날이 생각났다. 첫 근무를 하고, 저녁에 곧장 헬스장으로 갔다. 병원 오기 전부터 근처 헬스장을 검색해두고 정한 곳에 가서 등록했다. 사진으로 몇 번 보고 가니 다니던 곳 같았다. 그랬던 때가 엊그제 같은데, 사라진 푸른 잎처럼 나의 새로운 다짐도 없어졌다. 두꺼운 외투를 걸치고 공원을 걸었다. 나무 중에 몇 그루는 꽃 몽우리가 있었다. 겨울, 끝이 아니다. 봄을 준비하는 계절이다. 다시 헬스장으로 갔다. 이용권을 등록하고, 러닝머신에서 걷기부터 시작했다.

2
건강한 일상은
건강한 식탁으로부터 시작된다

"병원에서부터 달고 온 짜증이

내가 차린 식탁 앞에서 온데간데없이 사라졌다."

기숙사 휴게실에는 냉장고 두 대와 전자레인지 하나가 있었다. 수납장에는 컵라면 6개가 항상 있었다. 병원 구내식당의 식사시간만 잘 맞추면 삼시 세끼 해결에는 문제가 없다. 그놈의 시간이 문제였다. 환자들은 정해진 시간에 음식이 배달되지만, 인턴에게는 일정한 식사시간이 주어지지 않았다. 막내가 괜히 막내겠는가? 병원은 24시간 돌아간다. 밥시간이라고 일이 잠시 중단되지 않는다. 인턴을 제외한 대부분의 의료진들은 교대로 식사 시간을 가졌다. 각 부서의 일에 지장이 가지 않게 했다. 인턴은 각 과에 한 명 또는 두 명만 배정되어 있어 번갈아 밥 먹으러 가기 쉽지 않았다. 밥때를 놓치면 틈나는 대로 당직실로 가서 컵밥 또는 컵라면을 먹었다.

운동할 때는 탄수화물, 단백질, 지방을 골고루 갖춘 식단을 정해 먹었다. 비타민과 영양제도 챙겼다. 기숙사에 살면서 과일, 샐러드 챙기기 어려웠다. 씻으려면 세면대를 이용해야 했기 때문이었다. 과도도 없었다. 그래서 샐러드도 씻고, 자르지 않아도 되는 제품으로 샀다. 먹기 편해 보여서 그랬을까. 다음 날 냉장고에 없을 때도 있었다. 운동을 소홀히 하니 건강한 식단을 챙겨야겠다는 생각도 사라졌다. 식당 문 연 시간을 놓친 날은 기숙사에서 컵라면을 먹었다. 스트레스가 많아 머리가 지끈거린 날에는 매운 라면을 먹으면 괜찮아졌다. 바삭한 과자처럼 컵라면을 부셔 먹어도 좋았다. 와그작 씹어 먹을 때마다 두통이 날아갔다. 다음 날 배가 아팠지만 끊을 수 없었다.

집을 구하고 이사를 했다. 이사한 후에도 컵라면을 먹곤했다. 퇴근하면서 컵라면 한 개씩 챙겨왔다. 컵라면을 부셔 먹기도 하고, 끓는 물을 부어 먹기도 했다. 가끔 맥주도 곁들였다. 건강식을 챙길 때는 아침에 얼굴이나 손발이 붓는 일이 거의 없었다. 이사해서도 매일 아침 얼굴이 부어서 출근을 했다. 동기들이 기숙사보다 집이 더 불편한 거 아니냐고 놀렸다.

오랜만에 마트에 장 보러 갔다. 샐러드를 만들 양상추, 파프리카를 샀다. 야채를 씻어 샐러드를 만들었다. 다음 날 냉장고를 열어보지도 않았다. 집에 들어오자마자 커피포트에 물을 붓고 전원을 켰다. 씻고 나서 컵라면에 뜨거워진 물을 부었다. 드라마를 틀어놓고 컵라면을 먹었다. 냉장고에 무언가가 있다는 것을 잊었다. 어느 날, 냉장고를 여니 말라비틀어진 양상추가 보였다. 얼마나 방치했을까? 카드 영수증을 확인하니 2주가 지났다. 쓰레기통에는 나무젓가락과 다 먹은 컵라면 컵과 포장지만 보였다.

응급실에서 일할 때였다. 나보다 다섯 살 많은 여자가 실신했다며 응급실에 왔다. 평소에 먹는 약도 없었다. 혈액검사를 했는데, 심각한 빈혈 수치가 나왔다. 영양실조였다. 영양소 결핍으로 인한 빈혈로 추정되었다. 환자에게 가서 평소 식사를 어떻게 하는지 물었다. 저녁은 과자 한 봉지와 맥주를 4캔을 마시고 잔다고 했다. 아침 식사는 대부분 거른다고 했다. 점심은 회사 구내식당에서 먹는다고 했다. 남의 일이 아니었다. 나도 응급실에서 일하다가 쓰러지는 건 아니겠지? 그날만은 퇴근하면서 휴게실에 들러 컵라면을 챙기지 않았다.

연애할 때, 상대방에게 끼니마다 연락해 밥 잘 먹었냐고

　　　　제 3 장

물었다. 만날 때마다 맛있는 음식점을 찾아다녔다. 신선한 식재료를 사서 음식을 만들기도 했다. 마트에 가는 걸 좋아했다. 가기 전에 제철 음식을 찾고, 구매할 목록을 작성했다. 혼자 있을 때는 마트도 거의 가지 않았다. 대충 끼니를 때웠다. 평생 데리고 살 사람은 나인데 너무한 거 아닌가?

유명 여배우의 소셜 미디어 계정에 알록달록한 익힌 채소와 밥, 스테이크가 식탁 위에 있는 사진이 올린 것을 봤다. 사진 아래 쇼펜하우어의 명언이 덧붙여 있었다.

"나를 위해 기꺼이 귀찮은 일을 하라. 가장 좋은 것은 늘 나에게 먼저 줘라. 행복은 거기서부터 온다."

끼니를 거르거나 대충 먹던 습관을 끊었다. 가족을 위해서는 끼니마다 메뉴를 고민하고 음식을 준비하는데 몇 시간을 보냈다. 혼자 있을 때는 신경도 쓰지 않았다. 어느 날, 빈혈 진단을 받고 나서야 스스로에게 어떻게 하고 있는지를 돌아보게 되었다.

그녀의 글과 사진을 보며 생각했다. 종일 수고한 나에게 좋은 음식을 선물하면 어떨까? 병원에서 이리저리 치이다가 집으로 돌아왔다. 피곤하다며 나 스스로 대충 끼니를 때웠다. 냉장고를 열어 아무거나 보이는 것을 꺼내 먹거나 컵라면을 먹었다. 자극적인 첫 입맛에 면을 후루룩 삼켰다. 뱃속에서는 불편한지 다음 날 아침이면 배에 가스가 많이 찼다. 얼굴과 손은 퉁퉁 부었다. 속은 더부룩하거나 쓰렸다. 집 앞 마트로 갔다. 야채 코너에서 샐러드를 집었다. 모듬 버섯과 스테이크용 소고기를 장바구니에 담았다. 집으로 돌아와 야채를 씻고 고기와 버섯을 구웠다. 예쁜 접시를 꺼내 레스토랑처럼 플레이팅 흉내를 냈다. 식탁을 닦고 접시를 올렸다. 사진을 찍었다. 식탁 앞에 앉으니 입가에 미소가 올랐다. 병원에서부터 달고 온 짜증이 내가 차린 식탁 앞에서 온데간데없이 사라졌다.

방치된 나를 세울 수 있는 건,
오직 '나'

"마음에 쌓였던 돌 하나가 빠져나갔다."

눈바디는 체중계를 사용하지 않고, 거울이나 사진을 통해 몸 상태를 관찰하는 것이다. 다이어트할 때, 체중계의 숫자보다 눈바디가 중요하다. 근육량이 늘고 체지방이 줄었을 때, 몸무게는 그대로이지만 전보다 날씬해 보인다. 지방의 부피가 근육의 부피보다 크기 때문이다. 운동을 매일 할 때는 아침마다 거울 앞에 서서 눈바디를 확인했다. 야식 먹고 잔 다음 날은 어김없이 복근이 보이지 않았다. 그런 날은 아침 식사를 평소보다 적게 했다. 점심, 저녁때는 기름진 음식보다는 건강한 음식으로 먹고 운동을 30분 정도 더 많이 했다. 주말에 서너 시간 정도 코스의 등산을 갔다.

의대 입시를 준비할 때부터 의대 입학하고 나서까지 친구들과 거의 만나지 않았다. 공부하느라 시간이 별로 없었기도 했지만, 불어난 몸과 한국에 없는 옷차림 때문에 나가길 꺼려했다. 몇 년 전 쇼핑했던 옷을 입고 다니니 음식점이나 카페에 가면 어깨가 움츠러들었다. 하루 종일 의자에 앉아 있으니 엉덩이는 퍼져 있었고, 배는 나왔다. 화장을 하지 않아 얼굴이 칙칙했고, 머리도 부스스했다. 조명이 어둡고 사람이 적은 카페에 자주 갔다.

운동을 시작하면서 친구들에게 다시 연락했다. 이십 대 때처럼, 주말이면 친구들을 만났다. 학교 사람들 말고 다른 사람을 만나는 건, 5년 만이었다. 아직 아침, 저녁으로 차가운 바람이 불던 3월 초였지만, 친구들을 만난다는 생각에 마음이 따뜻해지고 간질거렸다. 거울도 보지 않고 질끈 묶은 머리가 거슬려 미용실에도 다녀왔다. 고양이 세수 대신, 몇 번이나 뽀드득 소리를 내며 얼굴을 씻었다. 스킨, 에센스, 크림을 순서대로 발랐다. 약속 전날에는 얼굴에 팩도 했다. 약속한 날이 되었다. 토요일인데도 아침 7시에 눈을 떴다. 보통은 느지막이 일어나 1시간 정도 멍하니 있다가 점심을 먹었다. 약속 장소에 30분이나 일찍 도착했다. 친구들이 하나둘씩 들어오면서 지각쟁이가 웬일로 일찍 왔냐고 난리였다.

인턴하면서 거울을 보지 않는 날이 늘었다. 첫 한 달은 눈을 뜨면 거울 앞에 서서 얼굴과 몸을 보고, 몸무게를 쟀다. 시간이 갈수록 몇 번의 알람 끝에 눈을 반쯤 떴다. 일어나 세수하러 가기 바빴다. 퇴근 후에는 침대에 누워서 폰만 만지작거렸다. 전신거울에는 먼지가 수북이 쌓여 얼굴이 뿌옇게 보였다. 책상 위에도 먼지가 쌓였다. 룸메이트가 오는 날이면 책상 위를 정리하고 닦았다. 전신거울에 쌓인 먼지만큼 얼굴과 몸이 변했다. 미간에는 주름이 생겼고, 입꼬리는 아래로 쳐졌다. 입가에는 팔자주름이 생겼다. 헐렁하던 청바지가 꽉 끼었다. 친구와 오랜만에 외출을 했는데, 청바지가 허리를 조여 저녁을 제대로 먹지 못했다. 옷 때문이라도 살을 빼야겠다 싶어서 운동을 하려고 마음먹었다. 헬스장에 가려고 하면 머리가 지끈거렸다. 피곤해서 그런가 싶어서 침대에 누워서 쉬었다. 두통은 금방 사라졌지만, 잠은 늦게 잤다.

7살 때, 엄마의 화장대에서 자주 놀았다. 학원 원장이었던 엄마는 늘 세련된 양장을 입었다. 아침마다 화장대 앞에서 화장을 하고, 옷매무새를 가다듬는 엄마를 봤다. 엄마가 집을 나서면 안방에 들어가 거울을 보며 엄마를 따라 했다. 엄마의 립스틱을 바르고 예쁜 표정을 지었다. 원피스를 입고 거울 앞에 서서 미스코리아 포즈를 취했다. 원피스의 한 쪽 어깨를 내려 텔레비전에서 봤던 모델 흉내도 냈다. 남동생을 데려와 거울에 비친 내가 미스코리아 같은지 물어봤다. 대답이 삼 초 내에 튀어나오지 않으면 등짝을 때렸다. 몇 번 맞으니 내가 원피스를 입고 나타나면 묻지 않아도 "누나, 완전 공주님 같아!"라고 얘기하고 달아났다.

학원에서 피아노 발표회를 했다. 엄마가 신데렐라가 입을 법한 드레스를 사줬다. 발표회 때 입고 피아노 연주를 했다. 사진을 찍고 현상한 사진을 액자에 넣어 내 방에 걸어뒀다. 집에서 몇 번 입어보니 또 입고 밖에 나가고 싶어졌다. 하루는 학교에 입고 나섰다. 엄마가 드레스 더러워지면 어떻게 하냐며 말렸지만, 내가 이겼다. 구름 위를 걷는 것처럼 사뿐사뿐 걸었다. 학교 친구들이 나와 일 미터 정도의 간격을 두고 나를 따라다녔다. 뭐라고 놀렸는지 기억도 나지 않는다. 흥얼거리며 교실 뒤에 걸린 전신 거울을 몇 번 보기도 했다. 어깨를 으쓱거리며 수업을 열심히 들었다.

누가 뭐라고 하든 상관없었다. 내가 원하는 옷을 입고, 원하는 대로 했다. 엄마 화장대 앞에서 공주 흉내만 낸 것은 아니었다. 내가 좋아하는 것은 무엇인지 찾았다. 작은 키와 평범한 얼굴이었지만, 스스로를 예쁘다고 하고, 스스로에게 웃

제 3 장

어주었다. 거울을 보는 건 단순히 외모만 신경 쓰는 것이 아니었다. 나를 들여다보고 살피는 일이었다.

어른이 된 나는 종종 거울 보기를 꺼려했다. 인턴이 끝날 무렵, 얼굴에 주름이 늘었다. 저녁이 되면 눈 밑에 다크서클이 짙어졌다. 모공은 늘어나고 피부는 푸석해졌다. 상의를 들어 올려 배를 봤다. 복근이 하나도 보이지 않았다. 축 늘어진 과일, 서양 배 같았다. 말랑거리는 배를 만지며 다시 얼굴을 봤다. 쳐진 입꼬리가 올라갔다. 한숨을 쉬면서도 깔깔거렸다. 일곱 살 미스코리아 시절이 생각났다. 물티슈로 전신 거울을 닦으며 말했다.

"거울아, 거울아, 이 세상에서 누가 제일 예쁘니?"

깨끗해진 거울 앞에 비친 나를 보았다. 모공은 선명하고 크게 보였고, 피부는 거칠했지만, 얼굴 표정이 밝았다. 다음 날 아침, 체중계에도 올라가고 거울도 봤다.

"네가 제일 예쁘다!"

내 말이 내 귓속으로 들어왔다. 마음에 쌓였던 돌 하나가 빠져나갔다.

4

아침 30분으로
웃으며 시작하는 하루

"웃으면서 하루를 시작하는 게

뭐가 그렇게 힘들다고!"

아침을 어떻게 여느냐에 따라, 그날의 내가 달라진다. 아침에 웃으면서 출근한 날은 병원에 도착하자마자 만나는 사람들에게 먼저 인사를 건넸다.

"좋은 아침입니다!"

매일 같은 시간에 엘리베이터 근처에서 만나는 청소하시는 분이 엘리베이터 버튼을 눌러줬다. 나를 돌아보며 윙크를 했다. 덕분에 기다리지 않고 엘리베이터를 바로 탈 수 있었다. 내 사무실에 들어가서 제일 먼저 컴퓨터 전원 버튼을 눌렀다. 켜지는 동안 옷을 갈아입고 책상 앞에 앉았다. 눈을 감고 기도를 했다. 이 병원에서 일하는 것에 감사했다. 어떤 일이 일어나도 신속하고 정확하게 판단하고 대처할 수 있게 해달라고 빌었다. 모르는 일은 끙끙거리면서 시간 끌지 말고, 상급자에게 도움을 청할 수 있는 용기를 달라고 했다. 혼나는 것을 두려워하지 말고, 묻고 배울 수 있는 기회가 되게 해달라고 기도했다. 전자기록 사이트에 접속해서 병동 환자들의 경과를 살폈다. 혈액 검사나 영상 검사에서 이상이 없는지 확인했다. 컨퍼런스 참여 전에 전날 수술했던 환자의 경과와 검사 결과를 파악하고 보고해야 했기 때문이었다. 전자기록을 다 보고 나면, 병동으로 갔다. 환자들을 만나 밤새 안녕했는지 안부를 물었다. 얼굴이 좋아 보이는 환자들에게는 집보다 편했는지 물었고, 인상을 찌푸리는 환자들에게는 집나와서 고생이 많다며 어깨를 다독였다. 혹여나 아파서 잠을 설쳤는지 물어보고, 추가 검사나 치료에 관해 논의했다. 수술을 앞둔 환자에게는 눈에 힘을 풀어 반달을 만들고 엄지손가락을 치켜들었다.

회의실로 갔다. 매일 아침 8시에 컨퍼런스가 있었다. 의료진들이 모여 그날 수술에 대해 발표하고, 치료 방법에 대해 논의했다. 주치의가 환자는 어떤 증상이 있는지, 각종 검사를 통해 어떻게 진단하고 치료 계획을 정했는지 발표했다.

치료 방법이 두 가지 이상일 경우에는 함께 논의해서 가장 적절한 방법을 선택하기도 했다. 전날 수술한 환자도 함께 확인했다. 수술 전, 후 MRI 검사 결과를 확인하고, 수술 방법과 결과는 어땠는지 발표했다. 환자가 증상이 얼마나 나아졌는지, 수술 후 합병증은 없는지, 있다면 어떤 치료를 더 할 것인지 논의했다. 회의가 끝나고 병원장과 회진을 돌았다. 미리 회진을 돌았던 터라 아침에 짜증 내던 환자들도 온화한 표정으로 누워 있었다. 각 환자에 대해 두 문장으로 브리핑을 하고, 병원장이 필요한 경우 추가 오더를 냈다. 회진이 끝나고 추가 치료나 설명이 필요한 사람들에게 다시 가서 자세히 한 번 더 설명했다. 한 번 회진을 도는 것보다 훨씬 효과적이었다. 처음에는 병원장 회진이 끝나면 나도 곧장 외래 진료실로 갔다. 저녁 회진 전에 몇 번이나 나를 찾아 설명을 요구하는 사람들이 있었다. 일 분 회진에서 빠르게 듣는 설명을 알아듣지 못해서였다. 경과가 좋은 사람들은 설명이 필요 없었다. 추가 검사나 치료를 받아야 하는 사람들에게 한 번씩 더 설명하니 오후에 병동에서 설명 때문에 나를 찾는 사람이 줄었다.

전날 늦게 자고 일어나 졸린 눈으로 출근하는 날은 달랐다. 사람들의 눈을 피했다. 병동에서 간호사들에게 농담 한마디 건네지 않았다. 드레싱 카트로 가서 그날 할 일의 목록을 보고 순서대로 일했다. 병실을 다니며 일하는데, 한 환자가 내 손목을 잡았다.

"선생님, 아침은 드셨어요?"

기어들어가는 목소리로 "네."라고 답했다. 상처 부위를 봐야 하니 침대로 돌아가 누우라고 했다. 눈은 침대만 보고 있었다. 대화할 시간 몇 초 아껴서 당직실에 누워 있을 생각뿐이었다. 병실을 나서는데 환자가 뒤통수에 대고 "감사합니다!"라고 소리쳤다. 고개를 돌릴까 하다가 병실을 빠져나왔다. 손을 씻고 소독 준비물을 챙겨 다음 병실로 가려는데, 다른 병동에서 전화가 왔다. 비위관(콧줄)을 하고 있는 환자인데 식이 중에 줄이 빠졌다고 했다. 약을 거르면 안 되는 환자라 와서 비위관을 해달라는 요청이었다. 한숨이 절로 나왔다. 들고 있던 소독용품을 준비실에 갖다 놓고 전화를 한 병동으로 갔다. 병실 입구에 비위관을 포함한 준비물이 준비되어 있었다. 병실로 들어가니 한 환자가 고개를 숙이고 앉아 있었다. 그 사람이었다.

"환자분! 콧줄 없으면 밥도 못 먹고, 물도 못 마시는 거 알면서 왜 그러셨어요!"라며 언성을 높였다. 옆 환자들이 나를 힐끔 보더니 커튼을 쳤다. 환자는 일부러 그런 거 아니라고 했지만, 믿을 수 없었다. 위까지 60cm 길이의 콧줄이 들어가 있는데, 어떻게 기침 한 번에 빠질 수 있을까. 비위관을 24시간 내내 하고 있는 게 불편한 건 당연했다. 보호자가 한눈파는 사이에 빼버리는 환자들이 많았다.

비위관을 넣으려는데 고개를 양옆으로 저으며 하기 싫다고 했다. 보호자에게 머리를 잡아달라고 하고, 한 손으로 코를 잡았다. 환자의 손은 내 손의 두 배였다. 내 손을 치고 손으로 코를 막았다. 한 손으로는 내 손목을 잡았다. 자신을 믿지 않는 사람에게는 맡길 수 없다고 소리쳤다. 손목을 놓고 코에서 손을 떼라고 실랑이를 벌이고 있는데 담당 간호사가 내 옆에 왔다. 귓속말로 주치의가 삼십 분 내에 회진 온다고 했다. 마음이 다급해졌다. 목소리를 가다듬고 다섯 살 아이에게 말하듯 애기했다. 뭐라도 먹고, 약을 챙겨 먹어야 집에 갈 수 있다고 했으나, 여전히 고개를 흔들고 있었다. 담당 간호사에게 눈빛을 보냈다. 장갑을 끼고 내 옆에 섰다. 환자에게 매일 보는 간호사와 손을 바꿀 테니 한 번만 하자고 했다. 간호사를 보더니 고개를 끄덕였다. 간호사 뒤에 숨어 서서 비위관을 잡았다. 성공했다.

환자에게 비위관 하고 있느라 힘들었겠다고 먼저 말을 했으면 어땠을까? 환자의 말을 믿고 설득했더라면 일 분만에

 제 3 장

비위관을 했을 것이다. 화를 낸 탓에 1시간 넘게 걸렸다. 웃으면서 하루를 시작하는 게 뭐가 그렇게 힘들다고! 졸린 눈으로 병원을 다니다가 언성까지 높였다. 일부러 비위관을 빼든지 말든지 내가 비위관을 해야 하는 건 마찬가지였다. 왜 그렇게 그날따라 화를 내고 실랑이를 벌였을까. 말 한마디로 아픈 상처를 낫게 해줄 수는 없지만, 고통을 견디기 쉽게 도와줄 수 있다. 가만히 있어도 힘든 환자에게 마음까지 아프게 했다. 종일 어깨에 고개를 흔들던 환자의 모습이 얹혀 있었다. 어깨가 경직된 채, 슬리퍼를 질질 끌고 퇴근했다.

출근하자마자 기도했던 날을 떠올리며, 전날보다 30분 당겨 알람을 맞췄다.

"내가 만나는 사람들에게 인상 찌푸리지 않게 해주세요. 말 한마디라도 웃으면서 건넬 수 있는 내일이 되게 해주세요!"라고 기도하며 잠들었다.

5

무너진 하루를
다시 세우는 태도

"하루가 수십 번, 수백 번, 수만 번 쌓이다 보면,

꿈꾸던 모습대로 살고 있는 날이 오겠지."

의학전문대학원 입시 준비할 때였다. 세 번째 시험에서 합격했다. 첫 번째 시험은 학원을 다니며 준비했다. 학원이 서울 강남에 모여 있어서 서울로 갔다. 서울 이모네서 지냈다. 이모네는 학원까지 1시간 넘게 걸렸다. 6시에 일어나 학원에 8시 전에 도착했다. 8시부터 5시까지 수업을 들었다. 첫날, 수업을 전혀 알아듣지 못했다. 생물, 화학 수업 때 나왔던 단어인 것 같은데 기억이 나질 않았다. 다른 사람들이 칠판을 보며 고개를 끄덕일 때마다 주변을 둘러봤다. 나만 눈을 동그랗게 뜨고, 귀를 쫑긋 세웠다. 수업이 끝나고 사람들에게 물어보니 다들 생명공학 등 과학 관련 전공자들이었다. 둘째 날부터는 아이패드를 펴놓고 모르는 단어를 검색했다. 수업보다 구글과 친해지고 있었다. 수업 후, 2시간 정도밖에 복습할 시간이 없었다. 늦어도 밤 11시 전에는 도착해야 다음 날 새벽에 일어날 수 있기 때문이었다. 집에 가서도 책상 앞에 1시간은 앉아 있으려고 했다. 책을 펴놓고 앉으면 눈이 감겼다. 정신 차리면 아침일 때도 많았다. 언제 어떻게 잠들었는지 기억나지 않았다.

두 번째 시험은 집에서 인터넷 강의를 들으며 준비했다. 수업 때 들리는 단어, 기호가 익숙한 상태였다. 과학 기초가 없어 학원 커리큘럼을 제대로 따라가지 못해서 떨어졌다고 생각했다. 학원 다닐 때처럼 종일 수업을 듣고, 저녁 때 복습했다. 통원하는 시간도 사라져 공부할 시간도 늘었다. 공부 시간이 늘어서 이번엔 될 거라고 생각했다. 불합격이었다. 두 시험 성적표를 펼쳤다. 생물, 화학, 유기화학, 세 과목이 있었다. 전체 문항의 절반은 생물이었다. 나머지 절반에서 3 대 2의 비율로 화학, 유기화학이 차지했다. 내 성적은 생물이 가장 낮았고, 그다음은 화학, 유기화학 순이었다. 학원 커리큘럼은 문항 수에 비례하여 정해져 있었기 때문에 나에게 맞는 방법이 아니었다. 커리큘럼대로라면 가장 못하는 생물의 성적을 올리기 힘들 거다. 인터넷 강의의 장점을 살려야 했다. 생물 공부 시간을 두 배로 늘렸다. 다른 두 과목에 비해 성적이 낮아서였다. 화학과 달리 생물은 전체를 이해하지 못하면 각 파트를 제대로 공부할 수 없었다. 생물의 전체 흐름과 개념을 제대로 알 때까지 시간이 필요했다. 전체를 이해한 후에는 파트가 어떻게 유기적인 관계를 가지고 있는지 공부하기 쉬워졌다.

시험까지 열 달 남았다. 계획을 세웠다. 4주에 한 번씩 모의고사를 치기로 했다. 매일 밤 10시에는 공부를 끝내고 하루를 돌아봤다. 정해진 스케줄에 따라 공부를 했는지 확인했다. 계획한 것보다 시간이 적게 걸린 부분과 많이 걸린 부분을 나눠 이유를 썼다. 다음 복습할 때 시간 분배를 다르게 해서 잘 모르는 부분을 보충했다. 집중을 하지 못한 날도 이유를 썼다. 피곤해서 못 했으면 휴식을 가졌다. 하기 싫어서 미룬 날은 계획이 없는 일요일 오후에 공부했다. 몇 번 일요일에 쉬지 않고 공부해보니 평일에 미루는 횟수가 줄었다. 일요일에는 공부를 하지 않고 놀았다. 영화도 보고, 친구들도 만났다. 저녁에는 지난 한 주를 돌아보고, 다음 주 계획을 세웠다. 마흔 번째 일요일에 세 번째 시험을 봤다. 결과는 합격이었다. 그냥 합격도 아니고, 상위 1%였다. 화학과 유기화학은 만점이었다.

인턴이 되면서 좋았던 습관을 잊었다. 이틀에 한 번씩 밤 새서 일하는 당직을 하니 퇴근하고 싶은 생각뿐이었다. 퇴근 하면 현관에서 신발을 벗고 들어오자마자 뱀이 허물 벗어 놓 듯, 옷을 벗고 바닥에 누웠다. 음식 배달을 시키고 씻으니 음 식이 도착했다. 음식을 먹으며 드라마를 봤다. 다 먹고 나서 도 드라마는 계속되었다. 소파에 반쯤 누운 자세로 기대앉아 드라마를 봤다. 종일 아프고 짜증 내는 사람들만 만나다 보 니 집에서만큼은 웃는 사람을 보고 싶었다. 드라마를 보면서 드라마 속 세상에 들어갔다. 하루를 정리하기보다는, 드라마 를 보면서 화가 난 나를 달랬다.

〈마이 데몬〉이라는 드라마를 봤다. 잘생긴 남자 주인공이 죽지 않는 악마이고, 예쁜 여자 주인공이 재벌 상속녀였다. 이 둘의 사랑 이야기였다. 둘은 1시간에도 몇 번이나 다른 화 장, 옷, 가방, 구두를 하고 나왔다. 병원에서 환자가 힘들게 할 때면, 드라마 주인공들을 떠올렸다. 목구멍까지 올라오는 욕이 내려갔다.

드라마가 종영되었지만, 나의 일상은 계속되었다. 병실에 상처 소독을 하러 가면 낮잠 자는데 깨웠다고 난리였다. 한마 디도 지지 않았다. 밤에 자라고 소리치고 상처 위에 붙은 거즈를 뗐다. 외래 치료실에서도 마찬가지였다. 한 환자가 엉덩이에 항암 주사를 맞으며 아프다고 소리를 질렀다. 다른 환자들은 괜찮은데 환자분은 왜 그러냐고 타박했다. 환자가 눈물을 글썽거렸다. 주사를 다 놓고 알코올 솜으로 꾹 누르며 조금 기다리면 통증이 가라앉을 거라고, 뭐라 해서 미안하다고 했다. 다른 사람들은 아파도 참는 거였는데, 괜히 아프다고 한 사람한테 언성을 높였다. 퇴근하는 길에 쌀 한 가마니를 짊어지고 가는 것 같았다. 같이 화를 내고 짜증을 냈던 순간들이 환자들의 감정과 함께 몇 배가 되어 집에 따라왔다.

의사가 되려고 했던 때가 떠올랐다. 시험에 떨어질 때마다 간절히 바랐던 지금 이 순간을 허투루 보내고 있었다. 인턴, 아직 전문 분야를 정하지 않은 때였다. 언제 써먹겠나 싶어서 아무 생각 없이 하다 보면 앞으로 어떻게 될까? 레지던트 합격을 위해 중요한 시기였다. 나중에 인턴 때 하던 일을 할 일이 없겠지만, 환자에게 화내고 짜증 낸 것이 습관이 되어 따라다닐지도 모른다. 상처 소독, 항암 주사 등 인턴이 하는 일이 별거 아니게 보일 수도 있다. 하지만, 의사로 일하면서 어떤 태도로 임했는가는 남을 것이다. 며칠 밤을 새고 일할 때 대충하던 습관, 화내는 태도가 툭 튀어나올 수 있다. 보는 사람이 없어도 성실하고 예의 바른 사람이 되어야 한다. 내일의 나를 만들어가는 과정이라 생각하기로 했다. 시험을 준비하면서 하루를 점검하고, 다음을 계획하던 때처럼 살기로 했다.

퇴근하고 평소처럼 씻고 밥을 먹고 소파에 앉았다. 드라마는 보지 않았다. 아이패드를 폈다. 메모장에 인턴 폴더를 눌렀다. 인턴 초기에 해야 하는 술기와 방법, 했던 일에 대한 피드백과 잘하는 방법을 기록했다. 한참 열지 않았던 폴더를 열어 새 노트를 썼다. 항암 주사 아프지 않게 놓기. 주사 부위를 손가락으로 두드리면 반복되는 통증에 둔감해질 때쯤 주사를 놓는다. 그냥 주사를 주는 것보다 덜 아프다는 환자들의 피드백에 따른 방법이었다. 다음 날, 이 방법으로 해보고 환자들이 어떤 반응을 보이는지 추가 메모를 했다. 한 환자는 나가는 내 손목을 잡더니 다른 손으로 엄지 척 했다.

그날 이후, 하루를 다르게 살기로 했다. 앞으로도 매일 점검하고, 다음을 준비할 것이다.

"하루가 수십 번, 수백 번, 수만 번 쌓이다 보면, 꿈꾸던 모습대로 살고 있는 날이 오겠지."

6

견뎌야 할 때,
견디는 방법

"참고 넘겼던 순간들이

싸가지 없다는 오명이 고개를 들지 않게 했다."

안과 인턴일 때 첫 휴가를 갔다. 안과로 첫 출근 하는 날 아침에 교수에게 내 소개를 하고, 휴가 기간을 알렸다. 인턴 한 명만 배정되어 있었던 터라 휴가 기간에 나를 대체할 사람은 없었다. 교수가 알려줘서 고맙다며 인턴 일은 알아서 할 테니 걱정하지 말라고 했다. 휴가가 끝난 후, 토요일 아침 2시간 정도 병동 일을 하고 퇴근했다. 기숙사에서 쉬고 있는데 오후에 문자가 왔다. 안과 레지던트였다. 내가 없었던 5일 동안 정규 및 응급 수술이 많아서 문서 작업할 일이 쌓여 있다는 것이었다. 일요일까지 해달라고 했다. 뒤통수를 한 대

맞은 기분이었다. 머리가 멍했다. 주말까지 포함해 7일 문서 작업을 하려면 5시간은 해야 했다. 일요일 오전에는 운동을 가고, 낮에는 친구와 미리 봐둔 맛집을 가기로 했다. 운동도 가고 싶었고, 친구와 약속도 지키고 싶었다.

'내가 할 일은 아닌 것 같다고 할 수 없다고 답장을 보낼까? 교수가 안 해도 된다고 했다고 말할까? 아니면 교수에게 연락할까? 레지던트가 일 시킨다고?'

멍하니 침대에 누워서 창밖을 바라봤다. 햇빛은 쨍 했고, 푸른 잎이 살랑살랑 흔들리고 있었다. 잎이 흔들릴 때마다 내 마음도 따라 흔들렸다. 할까. 말까. 예쁜 카페에 앉아서 거리를 바라보고 싶었다. 삼삼오오 모여 앉아 시시콜콜한 이야기를 하는 사람들을 보고 싶었다. 휴가를 다녀오니 자꾸 병원 밖으로 나가고 싶어졌다. 그래서 휴가 끝나자마자 친구와 약속도 잡아 놨는데. 창밖은 점점 어두워지고 있었다. 레지던트에게 일을 하겠다고 답장을 보냈다. 내가 할 일이 아닌 것 같다는 내용을 몇 번이나 썼다가 지운 뒤였다. 거절 문자를 보냈다면, 상사 말도 듣지 않는 '막무가내 인턴'이라는 꼬리표가 1년 내내 따라다녔을 게 뻔했다.

5시간 참으면 되지. 1년을 참을 수는 없지 않은가. 속이 부글부글 끓어 찬물로 세수 몇 번 하고 씻어냈다. 친구에게 전화를 걸어 일요일에 만나기 힘들 것 같다고 말했다. 친구가 미련하다고 했다. 회사에서도 이런 일 한두 번 겪은 것 아니라고 말했다. 상사가 시키면 다 '내가 해야 하는 일'이었다. 하나라도 하지 않는다고 했다가는 불호령이 내렸다. 인사 평가에서 낮은 점수를 받기도 했다. 하소연할 데도 없었다. 입사할 때부터 선배들이 시키는 건 다 해야 할 일이라고 가르쳤기 때문이었다. 아직도 이러고 있다니. 십 년 전 체증까지 올라오는 듯했다.

외과에서 일할 때였다. 외과는 인턴 두 명이서 일했다. 수술, 병동을 번갈아 이 주씩 맡았다. 외과 교수는 열 명이었다. 그만큼 수술이 많았다. 교수마다 담당 간호사가 있었다. 각 수술에 필요한 준비물을 챙겼다. 해당 수술실 준비 및 점검도 맡았다. 교수 대신 간호사가 인턴에게 전화해 일을 시켰다. 내가 병동을 맡았을 때였다. 수술 담당 간호사 한 명이 낮 12시에 전화를 했다.

"선생님, 지금 7번 수술방에 와주실 수 있을까요?"

"네? 저 병동 담당인데요. 전화 잘못 건 것 같아요."

"아, 수술 담당 인턴 쌤이 바빠서요. 부탁 좀 드릴게요."

아직 정규 업무 반도 못했는데, 별수 없었다. 하던 일을 마무리 짓고 있었는데 또 전화가 왔다. 수술실에 빨리 와달라

  제 3 장

고. 뛰어서 수술실로 갔다. 수술방 문을 열었는데, 간호사가 나를 보며 눈을 흘겼다. 점심시간이 얼마 남지 않았다며 투덜거렸다. 뛰어와서 숨이 거친 건지, 간호사의 눈총에 더 거칠어졌는지 모르겠다. 심장 소리는 가라앉지 않았다. 수술실에서 더 쿵쾅거렸다. 간호사가 밥 먹는 동안 나는 수술실에 있었다. 다시 간호사가 들어오고 나는 나왔다. 탈의실에서 다른 외과 간호사들이 놀고 앉아 있었다. 자기들끼리 교대해야 하는 거 아닌가? 목구멍까지 올라오는 말을 삼켰다. 식당으로 가니 문이 닫혀 있었다. 돌아서는데, 다시 전화가 울렸다. 9번 수술실 준비를 도와달란다. 다시 탈의실을 지나 수술실로 갔다. 아까 놀고 있던 간호사들이 그대로 있었다. 눈을 질끈 감았다. 수술 담당 인턴에게 전화를 걸었다. 받지 않았다. 하던 일이 끝나면 9번 수술실로 와달라고 문자를 남겼다. 30분 정도 지나니 인턴이 들어왔다. 주름져 있던 미간이 풀어지며 눈인사를 했다. 수술실에서 벗어났다. 오후 3시가 되어서야 병동으로 갈 수 있었다. 아직 할 일이 태산이었다. 퇴근 시간까지는 3시간밖에 남지 않았다. 제시간에 가려면 서둘러야 했다.

또, 전화가 울렸다. 수술실에서 사용할 검사 기계를 가져다 달라는 것이었다. 기계를 가지고 가는데, 수술 동의서를

받아달라는 전화가 왔다. 동의서 내용이 틀려서 다시 받아야
된다고 했다. 지금 수술 직전이라 급하다고 했다. 전화를 끊
자마자 11번 수술방에서 전화가 왔다. 수술 준비를 해야 한
다고 했다. 어쩌라는 것인가? 담당 교수에게 전화를 걸었다.
여러 간호사가 한꺼번에 시킨 일을 말했다. 교수에게 우선순
위를 정해달라고 했다. 교수는 동의서를 받은 후, 11번 수술
실로 와달라고 했다. 수술실로 가는 길에 기계를 가져달라던
간호사를 만났다.

"선생님! 기계 지금 내가 가지러 가요!"

버럭 소리를 질렀다. 교수가 한마디 했나 보다. 수술이 끝
나고 탈의실에서 옷을 갈아입는데, 간호사 몇 명이 내 이야
기를 하고 있었다. 싸가지 없이 교수에게 직접 전화를 했다
는 것이었다. 일하기 싫어서 그런 거 아니냐며, 내가 탈의실
을 나갈 때까지 수근거렸다. 뭐라고 하든지 상관없었다. 각
자 자기 일을 떠넘기려 했지만, 나는 중요한 일 순서대로 했
다. 소문은 며칠 동안 계속되었다. 내 머리도 며칠 동안 지끈
거렸다.

오후에 아이스 아메리카노와 초콜릿 하나를 들고 병원 정
문 옆 벤치에 앉아 있었다. 멍하니 하늘을 보는데, 누가 내
이름을 불렀다. 내게 휴가 동안 밀린 일을 시켰던 안과 레지

던트였다. 간호사들이 하는 말, 신경 쓰지 말라고 했다. 병원에 소문은 났지만, 그걸 믿는 사람은 없을 거라고 했다. 자기 마음대로 움직이지 않으면 그런다며. 종종 있는 일이란다. 수술실에서 만나는 교수와 다른 레지던트들에게 헛소문이라고 얘기하고 있으니 걱정하지 말라고 했다.

휴가 다녀와서 밀린 일, 하길 잘했다는 생각이 들었다. 조용히 넘어가는 것을 보고 바보 같다고 하는 동기들도 많았다. 일요일에 병원에서 일하면서 창밖을 몇 번이나 내다봤는지 모른다. 외과 인턴일 때, 병동에서 하루에 몇 번이나 수술실에 내려갔는지 셀 수 없었다. 참고 넘겼던 순간들이 싸가지 없다는 오명이 고개를 들지 않게 했다.

번아웃 응급 처치,
숨 고르기

"앞만 보고 달리지 말고,

잠시 멈추기도 해야겠다고 마음먹었다."

　세 달 전부터 일주일에 한 번씩 응급실에 복수를 제거하러 오는 환자가 있었다. 복수는 혈액 중 일부 액체 성분이 혈관으로부터 빠져나와 복강 내에 고이는 것을 말한다. 40대 초반 여자였다. 난소암을 진단받았을 때, 주변 장기에 전이가 된 상태였다. 일 년간 항암치료를 받았다. 최근 컨디션이 나빠져 치료를 중단한 상황이었다. 치료를 중단한 후, 복수가 자주 생겼다. 일주일이면 임신 말기만큼 배가 불러 올랐다. 왼쪽 아랫배에 초음파 기계를 대었다. 바늘이 들어갈 공간이 없었다. 보통은 액체가 5~10cm 정도 채워져 있어 바늘을 넣어도 괜찮았다. 왼쪽이 다른 장기에 손상이 될 확률이 적어서 선호한다. 이 사람은 달랐다. 몇 번이나 초음파를 봐도 액체는 적고, 복강 내에 장으로 가득 찼다. 차트를 확인했다. 이전에는 오른쪽 복부에서 복수 천자를 했었다. 왼쪽에 전이된 암이 있었기 때문이었다. 초음파를 몇 번이나 보고, 차트도 몇 번이나 확인했다. 왔다 갔다 할수록 환자는 인상을 찌푸렸다. 함께 온 남편 손을 점점 더 세게 잡았다. 팔, 다리는 뻣뻣하게 굳었다. 눈을 찡그리며 깜박이지도 않고 나를 쳐다봤다.

눈을 반달로 뜨고 환자를 보며 안심시켰다. 환자는 몸에 계속 힘을 주었다. 등에 식은땀이 나며 손이 떨렸다. 손을 모아 몇 번 주무르다가 멸균 장갑을 꼈다. 환자의 오른편에서 초음파로 복수를 확인하며 바늘을 찔렀다. 한 번에 성공했다. 환자의 눈이 동그랗게 변했다. 남편의 손도 놓았다. 엄지척을 하며 내게 윙크를 보였다. 걱정했는데, 하나도 아프지 않았다고 했다. 남편에게도 의자에 앉으라는 손짓을 했다.

응급실에 있는데, 환자가 구급차 들것에 실려 왔다. 5일 만이었다. 양쪽 다리가 전주보다 더 부었다. 숨을 빠르게 쉬고 있었다. 복수를 빼고 걸어서 퇴원했다. 3일 뒤, 응급실에서 전화가 왔다. 그 환자 때문이었다. 다른 인턴이 복수 천자를 한 번 실패했다며 와서 도와달라는 것이었다. 이런 전화를 받을 일이 없기 때문에 놀라서 뛰어 내려갔다. 응급실에 들어가자마자 환자와 눈이 마주쳤다. 환자가 목 빼고 출입문만 쳐다보고 있었나 보다. 눈을 찡긋거렸다. 나도 몇 번이나 찌르고 성공할 때도 많다고 했다. 담당 인턴이 있으니 믿고 맡기라고 했으나, 이번 한 번만 부탁한다며 내 손을 잡았다. 지금은 다른 과 담당이라 어쩔 수 없다고 해도 손을 놓지 않았다. 고개를 끄덕이니 손을 놓았다.

응급실에서 다시 일할 때였다. 아침 7시, 출근해서 내 자리에 앉았다. 응급실에 있는 환자들의 전자차트를 보고 있었다. 119대원들이 환자 이송 침대를 끌고 들어왔다. 데스크에서 가장 가까운 침대에 환자를 옮겨놓았다. 환자가 헐떡이는 숨소리가 내 숨소리처럼 들렸다. 일어나 환자에게 갔다. 우측 복부에서 복수 천자를 하던 환자였다. 이주 전보다 안색이 좋지 않았다. 다리가 전보다 더 부어서 무릎을 접을 수도 없었다. 따라온 남편은 벽 보고 서서 훌쩍이고 있었다. 환자는 숨이 차 말 한마디도 하기 힘들었다. 채혈을 하고, 엑스레이를 찍는데 숨소리가 커지고 빨라졌다.

모니터링 기계에서 '삐-' 소리가 났다. 응급실에 있던 모든 의료진이 뛰어갔다. 가슴압박을 하려고 하는데, 남편이 내 손목을 잡았다. 사전연명의료의향서를 작성했다고 했다.

연명치료 거부한 상황에서 심폐소생술을 하면 안 된다. 커튼을 치고 남편과 환자만 남겨두었다. 여기저기서 훌쩍이는 소리가 들렸다. 내 뺨에도 물이 흘렀다. 언제 치료받을 수 있냐, 대기가 길다, 소리 지르던 환자들도 조용해졌다. 한순간 응급실은 모니터링 기계음 외에 아무 소리도 들리지 않았다. 양복 입은 두 명의 남자가 이송용 침대를 끌고 들어왔다. 사람인지 모를 흰 천을 덮은 침대가 밖으로 나갔다. 침대 바퀴 소리가 응급실을 뒤덮었다.

적막도 잠시였다. 응급실 문이 다시 열리고, 119대원들이 이송 침대 바퀴소리를 내며 뛰어들어왔다. 몇 차례 반복되더니, 금세 응급실 침대가 환자로 가득 찼다. 뺨을 손으로 닦은 후, 새로 온 환자에게 갔다. 수십 번을 반복하고 퇴근했다. 잠깐 여유가 생길 때마다 아침에 들었던 '삐ㅡ' 소리가 들렸다. 잠들고 나서도 소리는 계속되었다.

한동안 일이 손에 잡히지 않았다. 환자들에게 자주 짜증을 냈다. 한마디도 하지 않을 때도 많았다. 복수 천자 할 때면, 그 환자가 생각났다. 잠시 쉴 시간이 생기면, 병원 밖으로 나가 바람을 쐬었다. 병원 마당 곳곳에 환자복을 입은 사람들과 평상복을 입은 사람들이 삼삼오오 모여 있었다. 벤치에 앉아서 하늘을 멍하니 보고 있었다. 뒤에서 한 환자가 친구들에게 수술 동의서 사인했던 이야기를 꺼냈다. 의사가 죽을 수도 있다고 하면서 살려준다고 하더라. 수술해야 산다는데, 수술하면 죽을 수도 있다니! 이게 무슨 소리고? 되물으니 1시간밖에 걸리지 않는 간단한 수술이란다. 한숨을 쉬다가 울다가 사인을 했다고 했다. 수술하고 며칠 지나니 밥맛도 좋고, 배도 하나도 안 아프다며 배를 두드렸다. 그때 왜 울면서 사인했는지 손발이 오글거린다고 했다. 친구들과 함께 깔깔거리며 웃었다.

병원에 온 사람들은 모두 생사를 오가는구나. 고개를 드니, 양떼구름이 하늘에 가득했다. 기계처럼 일했던 날들, 짜증 내고 윽박지르던 내 모습을 구름 하나씩 올려놓았다. 흘러가기를, 다시 오지 않기를 바라며 병원으로 들어갔다. 병실로 가니 환자가 다르게 보였다. 상처 부위만 보고, 환자들이 아파서 인상을 찡그리는지 쳐다보지도 않았었는데, 이제는 환자와 눈 맞추고 인사를 먼저 했다. 여기 있는 누구도 죽음의 문 앞에 섰다가 돌아온다고 생각하니 다르게 보였다. 잠시라도 바람 쐬길 잘했다 싶었다. 앞만 보고 달리지 말고, 잠시 멈추기도 해야겠다고 마음먹었다.

점심시간에 여유가 생기면 밥 먹고 병원 앞 정원을 걸었다. 하늘도 보고, 사람들도 봤다. 지나가면서 사람들의 소리

　　제 3 장

도 들었다. 간밤에 옆 침대에서 코 고는 소리 때문에 잠 설친 이야기, 화장실 들락날락거리는 할아버지 때문에 뜬눈으로 밤을 샌 이야기, 아침밥이 싱거워서 한술 뜨고 내려놨다는 이야기, 시시콜콜한 이야기를 주고받으며 화를 내기도 하고, 웃기도 했다.

나도 환자들과 함께 죽음 문턱에 다녀오곤 한다. 내 일이 아니라 영향이 없을 거라 생각했었다. 그렇지 않았다. 나는 괜찮을 거라 생각하고 지나온 시간만큼 지쳐갔다. 상대방을 배려할 마음도 사라졌고, 나 스스로를 돌볼 힘도 고갈되었다. 바닥난 상황에서 깨달았다. 멈추는 순간도 필요하다는 것을. 하루에 한 번은 잠깐이라도 여유를 부리기로 했다. 정원으로 나가니 별의 별 이야기가 다 떠돈다. 사람들의 목소리를 들으며 인상 찌푸렸다가 미소 짓기도 했다. 병원에서는 아무것도 아닌 일은 없었다. 나에게도, 환자에게도 여유를 가져야겠다. 숨을 고르는 동안, 온몸 구석구석 신선한 공기로 채웠다.

8

쉬는 날을
회복으로 쓰는 기술

"고갈된 나를 회복시키는 건, 거창한 일이 아니었다.

반나절의 외출, 한잔의 커피, 잠깐 바닷바람이면 충분했다."

쉬는 날은 기숙사에서 누워 있었다. 졸리면 잤다. 배에서 꼬르륵 소리가 나면 음식을 시켰다. 먹고 나면 눈이 그물거려 다시 누웠다. 천정을 보았다. 곰팡이 핀 얼룩 자국을 세었다. 구석에는 거미줄도 보였다. 어디서부터 시작되었는지 찾다 보면 잠들었다.

밤샘 근무를 하고 아침 7시에 퇴근했다. 잠이 들려고 하는데, 나무로 된 방문이 삐걱거리며 열렸다.

"누구세요?"

"앗, 미안해요. 선생님이 계시는 줄 몰랐어요."

기숙사 관리하는 이모였다. 시계를 보니 오전 11시였다. 나가서 이모를 불렀다. 문 앞에 붙여둔 메모를 가리켰다.

'수면 중! 절대 출입금지! 제발 부탁드립니다.'

미안하다며 못 봤다는 것이었다. 이렇게 크게 써뒀는데 어떻게 보이지 않을 수 있냐며 소리쳤다. 이렇게 들어온 게 한두 번이 아니었다. 매일 오전 10~11시에 내가 있는 층을 청소했다. 문을 잠그고 자면 문을 열 때까지 두드렸다. 처음에는 왜 오전에 자고 있는지 의아해했다. 여기서 일한 지 십 년이 다 되어간다는데 어이가 없었다. 밤새서 일할 때가 많으니 방에 들어오지 말아달라고 몇 번 부탁했었다. 매번 알겠다고 했으나 소용없었다. 그날은 참을 수 없었다. 기숙사 전 층에서 들릴 만큼 소리를 질렀다. 자기가 맡은 일은 꼭 해야 한다며 어쩔 수 없다고 했다. 방문을 열고 들어와 쓰레기통을 비우고, 밀대로 바닥을 닦았다. 창문을 열었다. 그 사이에 이모는 방문을 닫고 다른 방으로 갔다. 바람을 쐐도 가쁜 숨이 가라앉지 않았다. 머리가 뜨거웠다. 옷을 갈아입고 밖으로 나갔다. 기숙사 방문을 닫으면서 붙여둔 메모를 떼어버렸다.

차를 타고 나갔다. 고속도로 타기 직전 신호대기를 하고 있었다. 차선은 하나뿐이었다. 녹색불이 들어왔다. 브레이크를 떼고 액셀을 천천히 밟았다. 오른쪽에서 검은 차 하나가 앞으로 들어왔다. 브레이크를 강하게 밟으면서 경적을 울렸다. 방향 지시등이나 비상 깜박이도 켜지 않았다. 경적 소리가 사라진 후, 앞 차가 갑자기 속도를 늦췄다. 소리를 질렀다. 그래봤자 내 목만 아팠다. 고속도로에 진입했다. 다른 차선도 모두 천천히 달리고 있었다. 십 분 정도 검은 차 뒤꽁무니를 쫓다가 앞질러 갔다. 한숨을 쉬니 체증이 내려갔다. 신나는 노래를 들으며 삼십 분 정도 달려 바닷가에 있는 카페에 도착했다. 아이스 아메리카노를 시켰다. 커피잔에 파도가 그려져 있었다. 이 층으로 올라갔다. 유리로 된 창 너머 바다를 바라봤다. 명치에 걸려 있던 것들이 한 번에 내려갔다. 바다를 보고 앉았다. 커피를 마시는데 바닷물 맛이 났다. 바위에 파도가 부딪혀 하얀 거품을 내고 사라지기를 반복했다. 머리를 누르던 생각도 파도처럼 사라졌다.

십 년 전 회사 다닐 때가 생각났다. 금요일이면 친구들과 종종 일박 이일 여행을 떠났다. 일하다가도 주말만 생각하면 입가가 올라갔다. 상사가 혼낼 때도 금요일까지만 버티자고 생각하니 별거 아니었다. 목요일 저녁이 되면 여행 갈 가방을 챙겼다. 금요일에 퇴근하자마자 친구들을 만나 바다로 떠났다. 바다가 보이는 식당에 앉아서 맛있는 음식을 먹었다. 회사 이야기를 하며 몇 번이나 울다가 웃었다. 캄캄해져

　　　　제 3 장

서 바다가 보이지 않아도 바닷가에 있는 테이블에 앉아서 수다를 계속 떨었다. 바다 끝에서 하늘이 밝아지면, 한 명이 이제 숙소로 들어가자고 소리쳤다. 금요일에는 양어깨에 무거운 돌덩이를 짊어지고 나왔지만, 월요일 아침에는 날개를 단 것처럼 출근했다.

카페에서 나와 해변을 걸었다. 파도 소리가 친구들이 재잘거리던 목소리같이 들렸다. 한 번도 본 적 없는 친구들의 회사 사람들도 떠올랐다.

"진희를 괴롭히던 김 대리는 과장이 되었을까? 다른 후배를 여전히 괴롭히고 있겠지?"

푸르던 하늘이 보랏빛과 주황빛으로 물들고 있었다. 모래 위에 앉아서 하늘을 바라봤다. 어두운 보랏빛으로 변할 무렵, 모래를 털고 일어나 차로 갔다. 돌아가는 길에도 올 때처럼 느림보 차들이 고속도로의 모든 차선을 차지하고 있었다. 멀찌감치 뒤따라갔다. 음악을 들으며 흥얼거렸다. 언젠간 도착하겠지. 기숙사에 도착하니 배에서 꼬르륵거렸다. 휴게실로 가서 컵라면 하나를 꺼내 뜨거운 물을 부었다. 방으로 들고 갔다. 싸이월드에 들어가 친구들과 여행 갔던 사진을 꺼내봤다. 컵라면을 다 먹어도 아직 남은 사진이 많았다. 컵라면 하나를 더 가져왔다. 남은 사진을 다 봤다. 주변에 갈 만한 여행지를 검색했다.

반나절이라도 다녀오니 몸과 마음이 홀가분해졌다. 컵라면 한 개만 먹어도 배가 부른데, 그날따라 두 개나 먹었다. 나가지 않았더라면 드라마나 보면서 누워 있었을 텐데. 카페 가서 책도 읽고, 산책도 했다. 폰 달력에 쉬는 날을 표시했다. 메모에 아까 찾은 여행지를 써두었다. 낮에 바다를 찍은 사진과 동영상을 다시 봤다. 혼자였지만, 괜찮았다. 친구 대신 바다가 내 이야기를 들어줬다. 침대에 누우니 파도 소리만 맴돌았다. 푹신한 모래 위에 누운 기분이 들었다.

고갈된 나를 회복시키는 건, 거창한 일이 아니었다. 반나절의 외출, 한잔의 커피, 바닷바람이면 충분했다. 혼자여도 괜찮았다. 다음에도 힘들어지면 나를 데리고 나갈 거다.

제 3 장

하루 30분,
나를 지키는
8가지 선택

"매일 그림 하나 그리자.
언젠가 '내 인생'이라는 큰 그림이 완성될 거다."

1

출근 30분 전,
마음에 불을 켜다

"오랜만에 창을 열고 바람을 맞은 것뿐인데,

마음도 따라 열렸다."

작년 겨울, 병원 기숙사에 처음 왔다. 28인치 캐리어 두 개를 끌고 기숙사 앞에 섰다. 찬바람이 온몸을 휘감았다. 가슴 깊은 곳에서 뜨거운 것이 올라와 추운지도 몰랐다. 사십 년도 더 된 건물이라 낡고 허름했지만, 내 눈에는 잠실 롯데타워보다도 커 보였다. 삐거덕거리는 방문을 열고 들어가니 어두컴컴했다. 커튼을 열고, 창문을 열었다. 여전히 빛은 들어오지 않았다. 북측이었다. 창밖에는 나무로 덮힌 산이었다. 겨울인데도 녹색 잎을 가진 나무가 많았다. 바람이 불면 잎이 서로 비벼지며 바스락거렸다. 내게 말을 거는 듯했다. 아이들이 재잘거리는 것 같이 들릴 때도 있었다. 그럴 땐 귓가가 간질거리다가 쓸쓸한 마음을 가져갔다. 새들도 짹짹거렸다. 비 오는 날에는 창문을 똑똑 거리기도 했다.

여름이 되면서 창문을 열지 않았다. 에어컨을 종일 틀었다. 창밖 소리는 에어컨 소리에 묻혔다. 창문은 다시 겨울이 올 때까지 닫혀 있었다. 침대에 누워 있는데, 바람이 거칠게 창문을 때렸다. 창문을 여니 밖은 평온해 보였다. 온몸을 이불로 싸매고 침대에 다시 누웠다. 바람이 한 번씩 거칠게 불어 나무를 흔들었다. 나뭇잎들이 서로 부딪히는 소리가 왜 이제야 창문을 열었냐고 혼내는 것처럼 들렸다.

침대에서 나와 책상을 정리하고, 바닥을 쓸고 닦았다. 책상 앞에 앉았다. 온몸을 웅크리고 다리를 덜덜 떨었다. 그래도 창문은 닫지 않았다. 이불을 덮어쓰고 책상 앞에 앉았다. 다이어리를 펼쳤다. 이 방에 온 첫날 쓴 일기를 읽었다. 인턴하면서 하고 싶은 일이 쓰여 있었다. 빨간 펜을 들고, 아직 하지 않은 것에 표시를 했다.

일주일에 세 번 운동하기, 세모를 그렸다. 여름까지는 운동을 좀 했었는데, 가을부터는 아예 하지 않았기 때문이었다. 창문을 닫고 운동복을 입었다. 근처 헬스장으로 갔다. 전신거울 앞에서 스트레칭을 했다. 구부정하게 앞으로 굽은 어깨와 등을 폈다. 놀이공원 온 아이처럼 운동기구를 살펴보았다. 마음에 드는 몇 가지를 골랐다. 바벨 스쿼트를 했다. 이전에는 20kg 원판을 양쪽에 끼워서 했었는데, 이제는 10kg도 버거웠다. 하는 게 어디냐며 거울에 비친 나에게 웃어줬다. 다른 운동도 전보다는 적은 중량으로 했다.

운동하고 씻고 침대에 누웠다. 운동 동영상을 몇 개 보는데 배에서 꼬르륵 소리가 났다. 옆방에서 쉬고 있는 지선이에게 전화를 걸었다. 아직 잠에 취한 목소리였다. 밥 먹고 자라고 깨우니 알겠단다. 일주일에 한 번은 친구와 맛집 가기, 두 번째 세모. 운동처럼 가을부터는 거의 약속을 잡지 않았다. 쉬는 날에 누워 있기 바빴다. 오랜만에 전화해서 그런가, 웬일인지 바로 일어난다고 했다. 음식점과 카페가 모여 있는 가로수길로 갔다. 가게마다 사람들로 북적거렸다. 몇몇 카페는 테라스에 테이블과 의자가 있었다. 겨울인데도 햇살이 좋아서 테라스에도 사람이 꽤 있었다. 덕분에 거리에는 사람들의 웃음소리로 가득 찼다. 토요일에 나만 집에 있었나 보다.

지선이와 자주 가던 태국 음식점으로 들어갔다. 매운 쌀국수, 분짜, 스프링롤을 시켰다. 고수 추가는 필수였다. 고수 향을 맡으면 잠시라도 동남아에 놀러 간 것 같았다. 십 년 전, 태국 여행 갔을 때, 에어컨도 나오지 않는 식당 테라스에 앉아서 땀을 흘리며 쌀국수를 먹었던 기억이 떠올랐다. 반년 동안 쉬는 날 없이 일만 하다가 떠난 휴가였다. 몇 달 만에 외출하니 그때가 떠올랐다. 매일 어깨에 돌덩어리를 메고 사는 것처럼 무거웠다. 기숙사를 나오면서 돌덩이를 두고 나왔나 보다. 어깨에 날개가 달린 듯 발이 땅에 닿지 않는 기분이 들었다. 다른 나라에 가지 않아도 일상에서 벗어날 수 있었다. 반나절만이라도 쉴 수 있는데 말이다. 그동안 휴가를 어렵게 생각했다.

기숙사 방으로 돌아가 창문을 열고 누웠다. 찬바람이 들어왔지만, 춥지 않았다. 부스럭거리는 나뭇가지와 잎사귀가 아까 사람들이 웃는 소리처럼 들렸다. 풀 냄새와 고수 냄새가 동시에 났다. 온몸에서 소독약이 빠져나갔다. 환자들처럼 매일 같은 병원복을 입고 병원에서 살았다. 시간이 갈수록 얼굴에 주름이 깊어졌다. 환자들은 아프니까 짜증 내도 어쩔 수 없다고 했다. 나는 잠 못 자고 일한다며 찡그린 얼굴을 이해해 달라고 했다. 오후에 밖에서 봤던 사람들이 병실에 있던 환자들과 같다고 생각하니 얼굴이 화끈거렸다.

다음 날, 평소보다 삼십 분 일찍 출근했다. 식당으로 갔다. 혼자 앉아서 밥 먹는 사람이 많았다. 식판을 들고 밥과 반찬을 담으며 맞은편에 서 있는 사람에게 인사를 했다. 평소 같으면 식판에 머리를 박고 있었을 거다. 밥 몇 숟가락을 뜨니 병동에서 전화가 왔다. 또, 근무 시작 전이었다. 목소리를 가다듬고 밝게 받았다. 전화를 끊을 때, 밤새 수고 많았다고 하니 전화기 건너편에서 "네?"라고 되물었다.

전화를 했던 병동으로 갔다. 36시간 근무가 시작되었다. 병실에 들어가면서 환자와 보호자에게 "좋은 아침입니다."라고 외쳤다. 보호자 한 명이 내 주머니에 요플레 하나를 넣어 주었다. 서로 눈이 마주치고 웃었다. 옆에 있던 환자가 배를 움켜쥐며 킥킥거리다가 나에게 말했다.

"어제 수술하고 배가 아파서 한숨도 못 잤어요. 좋은 아침은 무슨 얼어 죽을!"

그래도 환자 표정이 밝았다. 아침 먹고 출근하니 배가 든든해서 그런가. 간식 받아서 신나서 그런가. 어깨가 으쓱거렸다. 금방이라도 다음 날 퇴근 시간이 올 것 같았다. 오랜만에 창을 열고 바람을 맞은 것뿐인데, 마음도 따라 열렸다. 운동을 하고, 친구와 밥을 먹었다. 태국까지 가지 않아도 마음의 새로 고침 버튼을 누를 수 있었다.

2

집에서 30분 내,
마음이 쉬는 정원

"좋아하는 것을 가까이 두고 사는 건,

삶을 나답게 가꿀 수 있게 한다."

중학생 때, H.O.T를 좋아했다. 몇 번이나 콘서트를 가고 싶었다. 콘서트는 서울, 대구, 부산 등의 큰 도시에서만 했다. 가려면 부모님과 학교 선생님의 허락이 필요했다. 토요일 저녁때 하는 콘서트라도 새벽에 출발해야 해, 학교를 갈 수 없었다. 혼자 먼 도시를 가본 적도 없다. 부모님이 동행하는 어른 없이 보내 줄 리도 없었다. 학교에는 아프다는 핑계가 좋긴 하지만, 부모님이 연락해야 가능했다. 콘서트를 가는 친구들은 아침에 학교 간다고 집에서 나왔다. 학교는 무단결석했다. 출발한 지 1시간도 되지 않아 부모님이 결석한 걸 알았다. 종일 부모님과 선생님의 연락을 무시했다. 콘서트를 보고 오면 어른들이 무슨 말을 하든지 귓등을 스치고 가서 괜찮다고 했다. 배 쨀 자신이 없어서 한 번도 가지 못했다. 콘서트장을 옆 동네 가듯 가는 서울 친구들이 부러웠다. 이때부터 대학은 꼭 서울에 가려고 마음먹었다. 사람이 나면 한양으로 가야 한다는 옛말처럼 말이다.

원하던 대로 서울에 살게 되었다. 서초동, 예술의 전당에서 5분 거리에 집이 있었다. 저녁 때 예술의 전당으로 자주 산책 갔다. 오페라 하우스 앞에는 음악 분수대가 있었다. 여름에는 클래식 음악이 나오며 분수 쇼가 열렸다. 공연 시간을 기다렸다. 주말에는 여러 번 공연이 있어서 시간을 폰에 저장해 두었다. 저녁 때는 어느 자리에 앉아도 괜찮았지만, 낮에는 그늘이 있고, 시원한 자리를 선점해야 했기 때문이었다. 분수대 너머 오케스트라가 연주하는 상상을 하며 바이올린 자리에 나를 끼워 넣었다.

공연이 끝날 무렵, 붐비는 걸 피하기 위해 사람들이 하나둘씩 빠져나갔다. 음악이 끝나고 분수가 꺼져도 물이 잔잔해질 때까지 앉아 있다가 집으로 돌아갔다. 낮에는 아이들이 분수대 앞에 모여 앉아 있었다. 분수가 앞으로 뿜어져 나오면 서로 물을 뒤집어쓰겠다고 달려들었다. 물에 흠뻑 젖으면 이리저리 뛰어다녔다. 물을 서로 튀기기도 했다. 음악 박자에 맞춰 발장난을 쳤다. 스피커로 나오는 오케스트라 연주, 물소리, 아이들이 첨벙거리며 재잘거리는 소리가 어우러져 새로운 음악을 만들었다. 원곡이 재해석되었다. 공연장에 앉아서 들을 수 없는 음악이었다. 다른 날, 같은 음악 편성표라도 다른 음악으로 들렸다. 다른 아이들 덕분이었다. 밤에는 분수마다 각기 다른 색을 뿜었다. 무지개색을 보였다가 사라졌다. 모두 같은 색을 내기도 했다. 하늘을 올려다보면 캄캄한 밤하늘에 별들이 반짝이고 있었다. 서울 하늘 아래도 이런 곳이 있구나. 분수가 꺼지고 가로등이 어두워질 때까지 하늘을 보다가 집에 갔다.

　해가 지면 가족들이 있는 집 생각이 났다. 고향 집에 들어서면 온기가 나를 감쌌다. 음식 냄새가 코를 찔렀다. 밥을 먹고 들어가도 따뜻한 온기와 냄새가 배를 꼬르륵거리게 했다. 식탁에 네 식구가 모여 앉아 기도를 하고 밥을 먹었다. 예술의 전당 분수대는 서울에서 나의 가족 같았다. 맛있는 음식 냄새 대신에 나무와 풀 냄새, 온기 대신 분수대에서 뿜어져 나오는 시원한 물바람이 있었다. 가족들의 목소리 대신 스피커에서 악기 소리가 들렸다.

　예술의 전당 앞에 '모차르트'라는 카페가 있었다. 이탈리아

길거리에서 많이 보일 법한 인테리어를 가졌다. 나무로 된 테라스가 있었다. 한겨울을 제외하고는 사람들이 테라스 좌석에도 많이 앉았다. 유리창 너머로 보이는 실내 가구는 단풍나무 색이었다. 테이블과 의자는 음표처럼 직선과 곡선이 어울어졌다. 거의 매일 그 앞을 다니며 카페를 구경했다. 어느 날 저녁, 카페 문에 '알바 구함'이라는 종이가 붙어 있었다. 알바생이 되면 의자에 몇 번이고 앉을 수 있겠다 싶었다. 카페 문을 열고 들어갔다. 눈이 휘둥그레졌다. 창가에 있는 의자에 앉아 테이블에 두 손을 가지런히 모으고 면접을 봤다. 두 손으로 의자의 팔걸이를 만지는데, 가슴이 두근거렸다. 사장이 시급과 일하는 시간에 대해 이야기했는데 스치는 바람처럼 지나갔다. 다음 날부터 일하기로 했다. 카페 곳곳을 소개시켜줬다. 마지막으로 빛나는 은색의 에스프레소 기계 앞으로 갔다. 드라마에서나 볼 법한 바리스타가 기계 앞에 서 있었다. 검은색 와이셔츠에 검은색 앞치마를 둘렀다.

"반가워! 에스프레소 마셔봤니?"

"아니요. 믹스커피 말고 마셔본 적이 없어요."

"아이고, 이런. 커피 맛을 알게 되면 행복해질 거야. 잠깐만!"

커피 원두를 꺼내 냄새를 맡게 했다. 아몬드같이 구수하면서 체리향이 동시에 났다. 깊게 들이마시니 뇌 구석구석에 체리향이 스며드는 것 같았다. 콩을 가져가 통에 넣고 갈았다. 에스프레소 기계에서 윙 하는 소리가 나더니 손안에 쏙 들어갈 만한 에스프레소잔에 커피가 담겼다. 금테가 둘러진 찻잔 받침대 위에 에스프레소 잔을 올려 내게 건넸다. 엄지와 검지손가락으로 잔의 손잡이를 잡았다. 입술을 작게 벌리고 반 모금 마셨다. 쌉쌀하면서도 고소했다. 원두에서 맡았던 냄새가 짙게 났다. 집에 가서도 커피 향과 맛이 생각났다. 다음 날이면 또 마실 수 있다고 생각하니 빨리 일하러 갈 생각뿐이었다.

집을 구할 때, 문화예술회관이나 공연장이 어디 있는지 확인한다. 대부분의 공연장 마당은 예쁘다. 공연장 주변에 공원이 형성되어 있다. 근처에 살면 공연 플랜카드 덕분에 티켓팅을 잊지 않고 할 수 있다. 공연을 보러 가기도 쉽다. 공연을 보지 않을 때도, 공연을 보러 오는 사람들을 보며 공연 분위기를 느낄 수 있다. 지금도 에스프레소를 즐긴다. 이사 가면 가장 먼저 카페 투어를 한다. 마음에 드는 카페를 찾으면 그때부터 동네가 편해졌다. 카페에 가서 커피 향을 맡으며 책을 읽는다. 드립 커피를 사오기도 한다. 가끔은 원두를 사서 집에서 바리스타 흉내도 낸다.

고3 때, 담임 선생님은 부산에 있는 국립대에 가라고 했다. 4년 내내 장학금을 받을 수 있고, 서울보다 생활비가 적게 든다고. 선생님의 말대로 부산에 있었다면 어땠을까? 지금처럼 에스프레소와 오케스트라 공연을 좋아했을까? 부산에 있으면서 서울 타령만 하던 마음이 담임 선생님에 대한 원망으로 바뀌었을 수도 있다. 서울 살면서 통장 잔고 9000원이었던 적도 많았다. 천 원을 곱게 펴 입금했다. 만 원으로 출금하기 위해서였다. 700원짜리 삼각 김밥을 먹으면서 지내도 흥얼거리며 다녔다. 에스프레소도 맘껏 먹을 수 있었고, 클래식 공연도 매일 보고 들을 수 있기 때문이었다.

마흔이 된 지금도 그때 서울 가길 잘했다 싶다. 가진 것 없었지만, 오감이 풍요로웠던 서초동 시절이었다. 서초동을 떠올리면 마음 한구석에서 꽃몽우리가 꽃을 피운다. 좋아하는 것을 가까이 두고 사는 건, 삶을 나답게 가꿀 수 있게 한다.

3

남을 바라보던 눈,
나에게로 돌리기

"이번에는 구경꾼이 아니라,

내 이야기를 만드는 사람으로!"

엄마는 피아노를 전공했다. 내가 태어났을 때부터 집에서 피아노 레슨을 했다. 어릴 때부터 피아노와 피아노를 배우러 오는 언니, 오빠들은 내 친구였다. 피아노 앞에 아무도 없으면 피아노를 눌러봤다. 누군가가 오면 늘 자리를 비워줬다. 나를 위한 피아노는 없었다. 엄마도 나를 가르칠 시간은 없었다. 내가 초등학생이 되었을 때는 피아노 다섯 대와 선생님 두 명을 둔 학원을 했다. 선생님이 나를 가르치려 했으나, 수강생이 우선이었다. 피아노가 많아져도 내 자리는 없었다. 11살이 되어서야 엄마에게 처음으로 피아노를 배우고 싶다고 말했다. 다른 학생들과 같이 배울 수 있게 되었다.

몇 달 후, 엄마는 나를 유명 선생님에게 일대일 수업을 받게 했다. 선생님은 양 끝이 하늘로 향한 뿔테 안경을 썼다. 그 너머에는 길고 얇게 뜬 눈이 있었다. 내 옆에 1시간 동안 앉아서 악보와 내 손을 번갈아 봤다. 배울수록 내 어깨는 움츠러들었다. 손도 움츠러들면서 실수를 연발했다. 선생님은 손에 들고 있던 자로 내 손등을 때렸다. 곁눈질로 선생님의 얼굴을 봤다. 눈동자는 거의 보이지 않았다. 뿔테처럼 눈꼬리가 올라갔다. 빨개진 손등과 악보를 번갈아 보며 틀리지 않으려고 애썼다. 애쓸수록 피아노 소리는 기어들어갔다. 거의 매일 5시간씩 피아노 연습을 했다. 뿔테 눈과 빨개진 손등을 보고 싶지 않았다. 연습을 해도 달라지는 건 없었다. 갈 때마다 손등은 빨개졌다. 가끔은 소리도 질렀다.

반년 동안 레슨을 받으면서 피아니스트의 꿈이 사라졌다. 레슨받는 날이 다가오면 속이 쓰리고 더부룩했다. 엄마에게 말해야 했다. 레슨 가는 날이었다. 가기 전에 입을 떼려는데, 엄마가 수강료가 든 봉투를 손에 쥐어줬다. 입을 닫고 선생님 집으로 갔다. 문 앞에서 봉투를 열어 봤다. 입이 벌어졌다. 엄마가 세 명 가르칠 돈이었다. 뿔테 눈을 참기로 했다. 레슨을 마치고 나오면서 손등을 만졌다. 다음 달 수강료 내기 전까지는 엄마에게 이야기하기로 마음먹었다.

다음 주면 수강료를 낼 텐데, 아직 엄마에게 이야기할 용기가 없었다. 선생님에게 전화를 걸었다. 마침, 여름 방학이라 할머니 댁에서 지내기로 했다고 거짓말을 했다. 저녁 때 엄마가 집에 오자마자 나를 찾았다. 회초리를 들고 내 방으로 왔다. 거짓말해서 혼나는 거라고. 회초리로 발바닥을 한 대 맞고 옆으로 드러누웠다. 피아노를 그만두고 싶다고 소리 질렀다. 내가 진정될 때까지 엄마는 기다렸다. 뽈테 눈과 손등에 대해 얘기했다. 엄마의 눈시울이 붉어졌다.

의대 졸업 후, 대부분 대학병원에 전공의로 수련받으러 간다. 수련을 받지 않고, 일반의로 일하는 사람들도 꽤 있다. 몇 개의 과를 제외하고는 5년간 수련을 받아야 한다. 전공의는 주 80시간 이상 일한다. 바깥세상은 다르다. 풀타임, 파트타임을 선택할 수 있다. 전공의보다 적게 일하지만, 월급은 두 배다. 일반의는 스스로 선택한 분야에서 진료 또는 시술을 배우고 일할 수 있다. 수련 과정을 거치지 않아, 더 빨리 개원할 수도 있다.

마흔 살에 의사면허를 땄다. 수련 과정을 겪을 수 있을지, 어린 동기들과의 경쟁에서 살아남을 수 있을지, 5년 뒤 사회에 나오면 적응할 수 있을지, 생각이 많아졌다. 막연히 전문의를 따고 나오면 좋을 것 같긴 했지만, 구체적으로 어떤 분야를 하고 싶은지 몰랐다. 일 년간 일반의로 일했다. 일했던 병원장과 원장들을 따라 학회도 많이 다녔다. 학회에서 만나는 사람마다 명함을 내밀었다. 내게 손을 뻗는데 줄 명함이 없었다. 강연도 기억에 남았다. 전문 분야에서 쌓은 노하우를 발표했다. 자신만의 연구 논문을 전시하고 질의응답을 했다. 쉬는 시간에 눈을 감고 발표석에 서 있는 나를 상상했다. 제법 폼이 났다. 학교 다닐 때, P 교수가 나에게 했던 말이 생각났다. 한 분야에서 일하고, 연구하는 것은 하나의 큰 퍼즐을 맞추는 것 같다고 했다. 평생, 본인의 연구가 단 하나의 퍼즐만 맞출 수 있어도 성공이란다. 눈 감는 날, 이 일을 하길 잘했다며 웃을 수 있을 거라 했다. 각자의 자리에서 오랜 기간 퍼즐 하나를 만들어 학회에서 모였다. 퍼즐을 서로 맞추며 자리를 찾았다. 수정해야 할 부분을 찾아 다시 자기 자리로 갔다. 다음에는 맞추는 퍼즐이 많아질 것을 기대하며 일터에서 최선을 다한다.

나는 구경꾼이었다. 빈 퍼즐판도 없었다. 언젠가, 퍼즐판에 올려놓을 퍼즐 하나를 들고 다시 오고 싶었다. 그들의 이야기를 듣고, 내 이야기도 하고 싶었다. 흔들리는 눈빛을 알아챈 걸까? 병원장이 대학병원보다 더 잘 가르쳐 주겠다고 했다. 수련 과정 동안 배운 거는 1%도 되지 않는다고 했다. 대학병원 나온 뒤부터 진짜 공부가 시작되었다고 했다. 낮에는 일하고, 밤에는 공부해서 실력을 키울 수 있었다고 했다. 병원에 남아서 같이 해보자고 했다. 병원에서 일한 지 반년밖에 되지 않았다. 다음 날부터 환자 만나는 게 즐거워졌다. 뭐라고 어깨가 으쓱거렸다. 대학병원 고민 때문에 생긴 두통이 며칠간 사라졌다. 병원에서 힘든 일이 있을 때마다 두통이 찾아왔다.

병원에 남고 싶은 이유는 척추 분야에서 유명한 병원장에게 배우고 싶어서다. 나는 척추 관련 질환을 전공하고 싶은가? 어릴 적, 피아노를 보고 자라서 피아니스트가 되고 싶어 했던 이유와 같았다. 의사로서 첫눈을 뜬 곳이 척추전문병원이었다. 운 좋게, 그 분야 최고 실력을 뽐내던 의사 밑에서 일하게 되었다. 배우고 따라 하다 보니 내 것 같이 보였다. 한 번씩 참여하는 학회에서 눈에 씌인 베일이 벗겨졌다. 구경꾼. 내가 진짜 하고 싶은 일을 찾아 떠나야 한다. 대학병원으로 가기로 했다. 이번에는 구경꾼이 아니라, 내 이야기를 만드는 사람으로!

 제 4 장

4

남의 옷이 아닌,
내 취향 옷 고르기

대학 시절, 서초동에서 중학생 때부터 단짝 친구였던 소영이와 2년간 같이 살았다. 소영이는 이목구비가 뚜렷하고 예뻤다. 옷, 신발, 가방, 화장품 등 외모를 꾸미는 것에 관심이 많았다. 얼마 전, 학교에서 친구가 명품 브랜드 신상 가방을 들고 온 것을 본 후, 꿈에 그 가방이 매일 나온다고 했다. 동대문에서 백화점보다 저렴하게 판다고 들었다며 내 손을 끌고 갔다. 반짝거리는 진열대 위에 가죽 가방들이 우리를 보고 있었다. 백화점처럼 정장을 입은 직원이 흰 장갑을 끼고 있었다. 소영이가 손가락으로 가방 하나를 가리켰다. 손가락

끝을 보니 말발굽같이 생긴 금색 쇠붙이가 검은색 가방 가운
데 붙어 있었다. 말발굽을 오른쪽으로 90도 돌리고 당기면
가방이 열렸다. 직원은 가방 안에 브랜드명과 상품 고유번호
가 새겨져 있다며 보여줬다. 둘 다 눈이 휘둥그레졌다. 진짜
인가? 소영이가 가방을 옆으로 메고 거울 앞에 섰다. 요리조
리 돌아서서 보더니 포장해달라고 했다. 직원은 나를 보며
하나 더 사면 10% 할인해주겠다고 했다. 고개를 저으니 소
영이만 봤다. 강남 엄친딸 같다며 다들 진짜라고 생각할 거
라 했다.

다음 날, 소영이는 백화점에서 샀던 원피스를 입고, 가방
을 들고 거울 앞에 섰다. 집에 있을 수 없다며 압구정에 가자
고 했다. 버스를 타고 갔다. 함께 걷다가 유리에 비친 자신의
모습을 보며 어깨를 으쓱거렸다. 가방 사느라 돈이 없다며
맥도날드로 나를 끌고 들어갔다. 햄버거 세트 하나를 골랐
다. 배가 고프지 않다며 조금만 남겨달라고 했다. 배에서 아
까부터 꼬르륵 소리가 났다. 두 세트를 사고 싶었지만, 내가
사야 해서 하나만 샀다. 허기를 채우고, 거리로 나갔다. 작은
가게들을 구경하다가 집으로 갔다. 소영이는 날씨가 좋다며
집에 걸어가자고 했다. 집까지 1시간 반 걸렸다. 사실은 버스
비도 없다는 것이었다. 버스비를 내주면 계속 그래야 할 것

　　　　제 4 장

같고, 혼자 버스를 타고 가기도 그랬다. 결국, 같이 걸어갔다. 집에 와서 다리를 주무르며 소영이의 가방을 봤다. 금장 버클이 반짝였다. 소영이가 화장실 간 틈을 타 들어봤다. 버스비의 천 배나 되는 가방을 사고 밥값, 버스비를 아꼈다. 소영이와 외출할 때마다 걸어서 다녀야 했다.

대학교 3학년 때부터는 학교 앞에서 살았다. 강의실까지 십 분 거리에 있는 집을 구했다. 학교에 운동화를 신고 다녔다. 저학년 때보다 실기 수업 비중이 높아져서 집에 있는 시간보다 작업실에 있는 시간이 늘었다. 때론, 작업실에서 잠도 잤다. 바닥에 스티로폼을 깔고 담요를 덮었다. 추리닝만 입고 다녔다. 주말에도 학교에 있었다. 날씨가 좋은 날이면 낮에 학교 친구들과 캠퍼스 내 연못에 앉아서 커피 마시는 게 외출이었다. 소영이와 있을 때처럼 머리부터 발끝까지 꾸밀 시간도 없었다. 소영이를 따라다니며 샀던 옷, 신발은 집 구석 한 박스 안에 구겨져 있었다. 학교 친구들은 내 옷장에 추리닝 세트만 들어 있을 거라 했다. 맞았다. 점점 추리닝이 옷장을 차지했다. 차려입고 강남 다니던 시절은 사라졌다.

4학년 때는 졸업 설계 수업이 있었다. 저학년 때보다는 설계 규모가 컸다. 현실 가능한 설계를 해야 했다. 4학년 말에는 미술관에서 작품 전시회를 했다. 사람들도 초대했다. 이를 위해 열심히 해야 했다. 첫 수업부터 눈을 부릅뜨고, 교수의 입만 쳐다봤다. 한마디도 놓치고 싶지 않았다. 잠자는 시간 외에는 작업실에 있었다. 아침에 해가 뜨면 집에 가서 씻고 오는 날도 많았다. 학교에서 쪽잠을 자고 첫 수업에 지각하지 않았다. 도서관도 자주 갔다. 설계 관련 책도 샀다. 졸업할 때, 작업실에서 책만 세 박스 챙겨 나왔다.

서른 중반 즈음, 오랜만에 백화점에서 소영이를 만났다. 여전히 화려한 외모와 의상, 가방을 들고 있었다. 최근 전지현이 들고 방송에 나온 것이라고 했다. 백화점 브랜드를 꿰뚫고 있었다. 요즘 핫한 브랜드 중에서 세일하는 곳을 골라 나를 데리고 갔다. 몇 개를 내게 보여주더니 살 수 없는 가격이라며 꼭 사라고 했다. 직장인이었지만, 그만한 옷을 살 수 없었다. 내가 입고 있던 청바지와 셔츠가 매장 안 거울 앞에서 더 허름해 보였다. 십 년 전, 소영이가 골라줬던 명품 가방을 들고 있었다. 가방을 다리 뒤로 숨기며 옷을 눈으로만 봤다. 주변을 돌아보니 소영이와 비슷한 차림을 한 사람이 많았다. 나만 타임머신을 타고 과거에서 온 사람이었다.

친구 따라 강남 갔다. 이번엔 달랐다. 아무것도 사지 않고 백화점을 나왔다. 예전에는 소영이가 예뻐 보였다. 소영이 말대로 하면 어디 가도 꿀리지 않을 것 같았다. 소영이와 같이 다닌 것도 잠시였다. 학교생활이 바빠지면서 추리닝만 입고 다녔다. 인턴하면서 기숙사에서 잠만 잤다. 잠이 부족했다. 주말도 거의 출근했다. 하고 다니는 것은 아무것도 아니었다. 쇼핑할 시간도 없었다.

기숙사로 돌아와 여섯 평 천정을 보고 누웠다. 얼룩덜룩한 물 고인 자국과 곰팡이 위에 백화점의 화려한 모습이 보였다. 학교 다닐 때나 지금이나 집 천정 평수는 같았다. 그때는 추리닝, 지금은 병원복. 소영이와 함께 샀던 좋은 옷 몇 벌은 없어진 지 오래다. 각자 다른 곳에서 자신만의 모습을 그리고 있었다. 시간이 갈수록 각자의 색이 짙어졌다.

어릴 때는 겉모습으로 다른 사람들 틈에 끼고 싶었다. 소영이의 화려함에 자주 눈앞이 흐려졌다. 학교와 일을 선택했다. 그때부터 선택, 그 외의 것은 포기해야 했다. 대학생 때는 어쩔 수 없이 번쩍거리는 것들을 내려놓았다. 나이가 들어도, 내 일을 선택하고 집중했다.

남의 시선을 따라 산 날은 낡아서 버린 옷처럼 기억에서 흐려졌다. 내가 열과 성을 다해 대학교 작업실에서 지냈던 하루는 또렷이 기억났다. 지금은 건축 설계를 하고 있지 않더라도 괜찮다. 그때의 내가 원하던 일에 집중하고, 온 에너지를 바쳤던 시간이 지금의 나를 만들었다. 남들보다 느리지

만, 삶의 방향은 분명해졌다. 기숙사에 누워 있어도 등 따시
게 잠만 잘 잔다.

 제 4 장

5

관객이 없어도,
나는 나의 무대에 선다

"내 무대에서 나는 빛나는 주인공이다."

오후 2시, 집 앞 카페에 갔다. 8인용 테이블 끝 쪽에 앉았다. 책을 꺼내 읽고 있었다. 주변이 갑자기 시끄러워 고개를 들었다. 같은 테이블에 있던 학생들이 없고, 야구 유니폼 입은 사람들이 앉아 있었다. 다른 테이블에도 야구 유니폼 입은 사람들뿐이었다. 야구장 관중석에 앉아 있는 기분이 들었다. 인터넷을 찾아보니 오후 6시 반에 인근 야구장에서 야구 경기가 있었다.

테이블 반대쪽 끝에 분홍색 머리를 양 갈래로 땋은 여자가 혼자 앉아 있었다. 원정팀 유니폼을 입고 있었다. 원정팀

구장 주변에 산다면 여기까지 오는 데 4시간은 걸렸을 거다.
분홍색 캐리어에서 아이패드를 꺼냈다. 유튜브로 여자와 같
은 유니폼을 입은 야구 선수들의 경기를 틀었다. 폰으로 누
구와 메시지를 주고받는지 자꾸 키득거렸다. 커피를 마시다
가 가방에서 거울을 꺼내 화장을 고쳤다. 속눈썹은 인형처럼
길고 진했다. 눈꺼풀은 반짝이는 분홍색이었다. 볼에도 핑크
빛이 돌았다. 거울을 뚫어져라 보며 손을 바삐 움직였다. 잠
시 후, 화장실에 갔는데 세면대 앞에서 마주쳤다. 손을 씻고
머리를 만지작거렸다. 야구 선수 여자 친구인가 싶을 정도였
다. 여자는 나보다 늦게 자리로 돌아왔다. 짐을 챙겨 캐리어
를 끌고 일어났다. 나도 따라 짐을 챙겼다. 여자는 야구장 입
구에서 줄을 섰다. 가방에서 표 한 장을 꺼내 들었다. 다른
한 손에는 거울을 들고 얼굴을 살폈다. 이마에 땀이 볼을 타
고 흘러내렸다. 손수건으로 땀을 닦으면서도 유니폼은 벗지
않았다. 반팔, 반바지를 입은 나는 나무 그늘에서 그녀를 보
고 있었다. 내 얼굴에서 땀이 흐르는 것 같았다. 폰으로 여자
와 화장기 없는 내 얼굴을 번갈아 보았다. 여자가 야구장에
들어가고 나는 야구장을 등지고 집으로 갔다.

다음 날, 일하면서도 분홍색 머리, 핑크빛 얼굴, 분홍색 캐
리어, 야구 유니폼이 생각났다. 퇴근할 때, 남자 동기 한 명

이 분홍색 큰 리본이 달린 가방을 들고 서 있었다. 다들 누나 가방 가져왔냐고 놀렸는데, 눈 하나 깜짝하지 않았다. 리본이 더 잘 보이게 가방을 몸 앞으로 당겨 맸다. 어제 본 여자가 생각났다. 모든 사람의 눈이 그녀를 한 번은 스쳐지나갔다. 신경 쓰는 기색이 없었다. 길에 서서도 거울을 보며 화장을 고쳤으니까. 그녀가 누구보다 자신을 위해 사는 사람이 아닐까? 머리가 멍해졌다. 그녀를 따라다닌 내 눈과 생각을 씻어내고 싶어졌다.

그녀가 야구 경기를 보러 다니는 것처럼 나는 틈만 나면 클래식 공연을 보러 간다. 당직 스케줄을 확인했다. 9월 첫째 주말, 쉬는 날이었다. 공연 티켓 사이트에서 공연을 검색했다. 제 7회 여수 음악제. 토요일은 정명훈 지휘의 오케스트라 연주. 일요일은 '정 트리오, 세기의 거장들(정경화(바이올린), 정명훈(피아노), 지안 왕(첼로))' 공연이 예정되어 있었다. 공연이 열릴 여울마루 공연장을 지도로 찾았다. 차로 3시간 거리였다. 하루 만에 다녀오기는 힘들어 보였다. 공연장 근처, 바다가 보이는 숙소를 예약했다. 음악 여행 삼아 가기로 했다.

여수 가는 전날, 옷장에서 옷 몇 벌을 꺼내 입어보기를 반복했다. 신발도 어울리는지 몇 켤레나 꺼냈다. 두 벌을 고르고 가방에 넣었다. 침대 위에 옷이 산처럼 쌓였다. 짐을 챙기고 방 정리를 하니 2시간이 훌쩍 지났다. 정경화의 바이올린 연주를 틀어놓고 침대에 누웠다. 기상 알람이 울리기도 전에 눈을 떴다. 전날 준비해둔 옷을 입고 가방을 들고 나갔다. 햇볕이 쨍쨍하고 하늘이 맑았다. 새하얀 솜사탕같은 구름이 군데군데 있었다. 차를 타고 가는데, 구름이 나를 따라왔다. 구름이 하나, 둘 생기기도 하고, 사라지기도 했다. 수십 번을 반복하더니 '여수' 간판이 나왔다. 선소대교에 닿으니 왼편에 여울마루가 보였다. 오른편에는 바다가 있었다. 주차장에 주차를 하고 바다 쪽으로 걸어갔다. 장도라는 작은 섬이 보였다. 장도까지 연결된 보행자 다리가 있었다. 사람들이 바다 위를 건너다니고 있었다. 공연 시간까지 1시간 남아 장도로 갔다. 정박된 배들이 있었다. 장도에 도착하니 철재로 만들어진 조각이 나를 반겼다. 무릎 꿇은 여자가 둥근 지구를 머리에 이고 있었다. 지구는 철재를 이용하여 선으로 표현되었다. 지구를 형상화한 원 안으로 배, 바다, 하늘이 보였다. 지구 위에 있으면서 지구를 품고 있는 것 같았다.

　공연 시간이 다 되어 공연장으로 갔다. 입구에서 티켓을 받고, 자리를 찾아 앉았다. 무대 위에는 오케스트라 단원들이 앉을 의자와 보면대, 지휘자의 단상이 있었다. 심장이 두

　제 4 장

근거렸다. 눈을 감고 머리에 채워온 생각을 비웠다. 무대 위에 사람들의 발자국 소리가 들렸다. 눈을 떴다. 악기를 든 단원들이 자기 자리를 찾아 앉았다. 악기들이 조율을 했다. 정명훈 지휘자가 무대로 나오면서 공연장은 박수 소리로 채워졌다. 지휘자가 단상에 올라 인사를 하자, 공연장이 순식간에 무음이 되었다. 숨소리가 들릴까 봐 숨 내뱉기를 잠시 멈췄다. 지휘자의 손끝이 하늘로 올라가자 바이올린 소리가 잔잔하게 흘러나왔다. 곧이어, 현악기 전체가 연주했다. 연주가 이어지는 동안, 호화로운 여객선의 가판에 올라서서 끝없이 펼쳐진 바다를 보는 기분이 들었다. 두 번째 악장에서는 관악기 소리가 먼저 나왔다. 바다 위 구름이 점차 어두운 색으로 변했다. 관악기를 따라 나오는 다른 악기들이 중저음의 소리를 냈다. 배가 흔들거리며 폭풍 가운데로 들어갔다. 소용돌이 속에서 한껏 흔들리다가 밝은 하늘이 나타났다. 연주가 밝아지면서 바다는 언제 그랬냐는 듯 잔잔해졌다. 사람들이 여객선 가판으로 나와 가까워지는 항구를 가리켰다. 서로 껴안기도 하고, 환호를 지르기도 했다. 지휘자의 양 손가락이 하늘을 찌르자 연주가 끝났다. 공연장이 박수 소리로 가득 찼다. 지휘자가 두 차례 나와 인사를 하고, 악장이 인사를 했다. 각 파트별로 번갈아 가며 일어나 인사를 했다. 연주자들이 모두 무대를 빠져나가자, 관객석이 밝아졌다.

텅 빈 무대 위에 정명훈의 잔상이 덮였다. 자리에 다시 앉았다. 무대를 봤다. 공연 내내 밝았던 무대. 지휘자에 따라 하나로 소리를 모았던 오케스트라. 그날 나는 관객이었지만, 무대 위의 주인공이었다. 돌아가는 발걸음이 연주에 맞춰 움직였다. 바다 냄새와 파도 소리가 어우러졌다. 분홍색을 좋아하는 야구팬처럼, 나도 이번 주말만큼은 나에게 집중했다. 내가 내 삶의 지휘자이지만, 악보대로 연주하는 것만으로도 벅찼다. 주변을 두리번거리고, 들리는 소리도 신경 썼다. 나스스로 그리고 싶은 삶을 돌아보지 않았다. 나만의 음악을 만들지 못했다. 그녀처럼 나도 나에게 집중하고, 최선을 다해야 한다. 내 무대에서 나는 빛나는 주인공이다.

6

필요 없는 사과,
주지도 말고 받지도 말자

"사과는 정중히 거절하겠습니다."

본과 3학년, 병원 실습 시기였다. 한 학년을 8개의 조로 나눴다. 각기 다른 과로 배정해서 실습했다. 우리 조는 7명이었다. 월요일 아침, 교수와의 첫 만남이었다. 교수는 앉은 순서대로 1부터 7까지 숫자를 붙였다. 수업 2시간 동안 우리를 이름이 아닌, 번호로 불렀다. 해당 번호의 학생은 대답을 해야 했다. 다음 날, 자리가 바뀌었다. 교수는 번호가 달라져 헷갈린다며 첫날처럼 앉으라고 했다. 일주일 내내, 같은 자리에 앉았다.

인턴이 된 후, 숫자로 불렸던 때가 생각났다. 병원에서 인턴들을 '인턴'이라고만 불렀기 때문이었다. 병원에는 파란 병원복을 입은 사람들이 많다. 그 중, 서른 명은 인턴이었다. 인턴은 자세히 보면 다르게 생겼지만, 대충 보면 비슷했다. 헝클어진 머리카락, 반쯤 감긴 눈을 가졌다. 삼백 석이 넘는 구내식당에서도 한눈에 인턴을 알아볼 수 있었다.

응급실인지, 시장통인지 구분되지 않는 날이었다. 응급실에서 일하는 모든 사람들이 뛰어다녔다.

"잠깐! 입구 좀 막자. 지금 환자 더 못 들어와! 침대도 없다!"

교수가 소리쳤다. 고개를 돌려 응급실을 이리저리 보다가 의자에 앉았다. 출근하고 4시간만이었다. 엉덩이가 닿자마자 멀리서 남자가 소리를 질렀다.

"이봐! 나 여기 온 지 1시간 지났는데 의사 얼굴도 아직 못 봤어!"

교수가 소리치는 남자와 함께 온 할머니를 진찰하는 것을 봤다. 할머니보다 더 응급한 환자들이 몰려와 가볼 시간이 없었다. 교수가 본 환자는 나중에 가봐야겠다고 생각했다. 남자가 소리쳤을 땐, 1시간이나 지났을 때였다. 벌떡 일어나 할머니에게 뛰어갔다. 고개를 몇 번이나 숙이며 미안하다고 했다. 교수가 진료를 보고, 검사 처방을 했고, 결과 기다리는 중이라고 설명했다. 응급실에 들어온 순서가 아니라, 응급한

제 4 장

순서대로 진료를 하다 보니 늦어졌다.

"너 인턴이지? 뭘 잘 모르는 것 같은데, 나 ○○병원 병원장이야. 안과 ○○○ 교수한테 전화하고 왔다고! 못 들었어?"

"아, 네. 환자분이 어떻게 다치신 걸까요?

"뭐? 뭐라는 거야? 전화하고 왔다니까?"

침대에 앉아 있던 할머니는 눈을 동그랗게 뜨고 나를 보고 있었다. 표정이 온화해서 어디 아픈지 한눈에 알아볼 수 없었다. 온몸을 살피는데, 한 손으로 왼쪽 허벅지를 잡고 있었다. 왼쪽 무릎이 아프냐고 물었더니, 고개를 끄덕였다. 다시 어떻게 다쳤는지 물었다. 남자가 소리를 질렀다.

"내가 말했잖아. 나 병원장이라고! 얼른 정형외과 의사 불러! 인턴 주제에 와서 뭘 할 줄 안다고!"

소란스럽던 응급실이 순식간에 조용해졌다. 할머니의 검사 결과도 아직 나오지 않았다. 할머니가 언제부터 어떻게 아팠는지 모른다. 응급실 들어올 때, 아들의 손을 잡고 걸어 들어왔다. 그것만으로도 응급이 아니라는 것은 응급실에 있는 누구도 알 수 있었다. 정형외과 진료가 응급하게 필요한지 모르는 상황이었다. 단순 타박상의 경우, 응급하게 정형외과 당직 교수에게 연락할 수 없었다. 설명이 끝나자마자 남자는 내게 "야!"라고 했다.

입을 닫고 등을 돌려 응급의학과 교수에게로 갔다. 교수가 고개를 끄덕이며 알아서 하겠다고 했다. 검사 결과는 괜찮았다. 찰과상 외에는 별다른 문제가 없었다. 상처 부위 소독을 하고 있으니 안과 교수가 왔다. 안과 교수가 남자에게 검사 결과를 설명했다. 남자가 애타게 찾던 정형외과 교수는 영영 나타나지 않았다.

할머니 건너편에 숨을 가쁘게 쉬는 90세 할머니가 있었다. 말할 기운도 없었다. 옆에 앉은 딸이 할머니의 손을 잡았다. 다른 한 손으로는 할머니의 얼굴과 팔을 번갈아가며 쓰다듬었다. 이분이야 말로 응급이었다. 폐 CT를 다른 환자들보다 빨리 찍었다. 폐렴이 심했다. 호흡기 내과 교수에게 전화를 걸었다. 환자 보고를 했다. 외래 진료 중이라 시간이 걸린다며, 기다리는 동안 응급의학과 교수에게 치료를 부탁했다. 교수가 할머니와 보호자에게 중증 폐렴으로 중환자실 입원 치료가 필요하다는 설명을 했다. 호흡기 내과 교수가 오는 데 시간이 걸릴 것 같다고 하니 보호자의 언성이 높아졌다. 아까 인턴이 빨리 해주겠다고 조금만 기다리면 된다고 했단다. 인턴이라는 소리에 고개를 돌려 보호자와 눈이 마주쳤다. 검지손가락으로 나를 가리켰다. 검지손가락을 접었다 폈다 반복했다. 보호자에게 갔다.

         제 4 장

눈물을 글썽이던 딸을 보니 남일 같지 않아서 볼 때마다 따뜻한 말 한마디 건넸다. 힘들어도 조금만 기다려달라고. 금방 된다고 한 적은 없었다. 할머니에게 필요한 치료는 하고 있다고 했다. 양해 부탁드린다고 말했다.

"뭐? 인턴 주제에 또박또박 말대꾸야! 네가 사과해야 중환 자실 갈 거야!"

아까 떠난 남자가 버럭 바이러스를 이 여자에게 주고 갔나 보다. 인턴 주제라니. 한숨이 나왔지만, 이 악물고 있었다. 뛰어다니면서 일하는 중에도 이 할머니는 신경을 쓰고 있었다. 옆 침대 환자가 세 번째 바뀌니 더 이상 기다리기 힘들었나 보다. 저녁 시간이 다 되어 보호자의 전화가 계속 울린 탓도 있었을 것이었다. 대답 없이 보호자 앞에 서 있었다. 다시 사과하라는 말을 했다. 내가 잘못한 것은 없다고 말했다. 응급실에서 기다리는 시간이 길어진 것에 대해서는 미안하다고 했다. 호흡기 내과 교수가 곧 온다고 간호사가 귓속말을 했다. 보호자에게 이럴 시간에 중환자실 입원 설명을 듣는 게 나을 거 같다고 했다. 보호자는 또 소리를 질렀다. 간호사가 나의 팔을 당겼다. 한쪽 눈을 찡그리더니 어깨를 토닥이며 내 자리로 데리고 갔다. 할머니는 중환자실로 옮겨졌다. 보호자는 나를 노려보더니 응급실을 나갔다.

교대할 인턴이 왔다. 모기만 한 목소리로 환자 인계를 했다. 짐을 챙겨 응급실을 나왔다. 캄캄한 하늘에 떠 있는 달과 별을 올려다봤다. 뺨으로 물이 흘러내려 가슴으로 떨어졌다. 병원 밖으로 걸어갔다. 길은 어둑했다. 누구도 내 얼굴을 보지 않았다. 얼굴에 물기가 없어질 때까지 걷다가 기숙사로 돌아갔다. 샤워실로 갔다. 샤워기로 온몸에 흐르는 물을 씻었다. 뿌연 거울에 얼굴이 희미하게 비쳤다. 이름 없는 인턴, 누군지 알아보지 못할 얼굴과도 같았다.

숫자로 불려도, 인턴으로 불려도 상관없다. 나는 오늘 만난 환자에게 최선을 다했다. 밥 먹을 시간 없이 뛰어다녔다. 틈틈이 아픈 사람과 지친 사람에게 따뜻한 말 한마디 걸려고 노력했다. 퇴근 후, 온몸으로 받았던 상대방의 나쁜 감정을 씻어냈다. 오늘도 나는 나의 일을 했다. 다음 날도 똑같은 파란 옷을 입고, 인턴 이름 뒤에서 자리를 지킬 거다. 거울을 수건으로 깨끗이 닦고 말했다.

"사과는 정중히 거절하겠습니다."

발목을 잡아당기던 중력이 사라지고, 고개는 하늘로 향했다.

7

꿈,
지칠 때 꺼내먹는 초콜릿

"내가 꿈꾸는 날은 반드시 온다."

숲에 들어가기 전에는 숲 전체를 볼 수 있다. 숲속을 거닐 때는 눈앞에 있는 나무만 보인다. 나의 삶에서도 마찬가지다. 어떤 일을 시작할 때는 꿈을 가지고 목표를 세운다. 구체적인 계획을 가지고, 목표를 이루려고 힘쓴다. 바빠지면 처음 가졌던 꿈을 잊는다. 눈앞에 닥친 일에 파묻힌다.

이름도 없이 파란색 병원복을 입고 일한 지 반년이 다 되었다. 처음 병원을 갔을 때, 두근거리던 마음은 사라진 지 오래다. 출근하자마자 퇴근 시간을 기다렸다. 짜증 내는 환자를 만나면 인상을 찌푸렸다. 웃으면서 넘길 수 있었는데. 이제는 억지로 인상을 펴려고 하지 않았다. 함께 미간을 찌푸리며 노려봤다. 주변에서 누가 먼저 언성을 높일지 살폈다. 어금니를 꽉 깨물었다. 병실을 빠져나올 때면 나도 모르게 한숨이 새어 나왔다. 한숨 소리를 들은 환자는 내 뒤통수에 대고 소리를 질렀다. 뒤돌아보지 않고 빠르게 걸었다. 입 밖으로 소리를 내지 않을 최선의 방법이었다.

상처 소독하러 갔을 때였다. 환자가 늦게 왔다며 난리였다. 환자를 보며 미간에 주름을 지었다. 고개를 숙이고 상처 부위를 봤다. 왜 아무 대답이 없냐며 소리를 질렀다. 한숨을 쉬었다. 한숨이 끝나기도 전에 환자가 소독포를 던졌다. 소독포를 주워 병실을 나왔다. 처치실에서 소독용품을 다시 챙겨 병실로 갔다. 병실은 숨소리도 나지 않았다. 환자의 얼굴은 붉어져 있었다. 보호자가 나에게 미안하다고 했다. 보호자를 보고 고개를 끄덕였다. 입은 끝내 열지 않았다. 소독을 끝내고 가는 내 뒤통수에 대고 일찍 다니라며 소리를 질렀다. 서둘러 다른 병실로 갔다. 하루에도 수십 번 일어날 때가 많다. 환자뿐만이 아니었다. 병동 간호사들도 자주 그랬다. 전화기 너머로 귓구멍에 화살을 쐈다. 전화를 받자마자 '인턴 쌤!' 날카로운 목소리가 귓구멍을 통과해 머리에 박혔다. 온몸에 닭살이 올라왔다. 누가 보면 종일 사고 치고 다니는 사람처럼 보일

제 4 장

거다. 이렇게 반년을 보냈다. 병원을 보면 두근거리던 심장이 이제는 쿵쾅거렸다. 동시에 미간 주름이 깊어졌다.

오랜만에 쉬는 토요일이었다. 공원에 산책 갔다. 공원 가운데에는 언덕이 있었다. 정상에는 오 층 높이의 전망대가 있었다. 산책로를 따라 걸으니 전망대에 도착했다. 전망대에 올라가 밖을 봤다. 구름 한 점 없는 맑은 가을 하늘과 푸른 바다가 펼쳐졌다. 답답한 마음이 뻥 뚫렸다. 하늘은 흠 하나 없는 하늘색, 바다는 반짝이는 청록색이었다. 내 옷은 탁한 파란색이었다. 온갖 풍파를 수없이 보냈을 텐데, 흠 없는 하늘을 보며 견디느라 고생했다며 혼잣말을 했다. 셀 수 없이 많은 폭풍을 만났으면서도 잔잔하고 싶은 속을 가진 바다를 보며 미소를 지었다. 둘은 내가 볼 수 있는 시선의 끝에서 서로 닿았다. 서로를 품었다. 병원에서 파란 옷을 입은 우리도 하늘과 바다를 닮았다. 폭풍이 몰아칠 때는 서로 치고 박고 싸웠다. 남 탓하며 일을 떠넘겼다. 인턴 마음은 인턴만 알았다. 돌아서서 사과하고 안아줬다. 일하느라 쫓아다니다가도 복도에서 인턴 동료를 만나면 얼굴이 밝아졌다. 손바닥을 마주치며 윙크를 했다. 당직실에 모이면 뒤통수에 박혔던 짜증의 화살을 털었다. 우리 중 누군가의 전화벨이 울리면 다시 업무가 시작됐다. 하나둘씩 당직실을 빠져나갔다. 당직실은 언제 그랬냐는 듯 고요해졌다.

　산책로에는 조각상이 몇 개 있었다. 철로 만든 사슴, 나무로 만든 돼지 등 자연에서 가져온 재료로 동물을 만들었다. 우리는 모두 자연에서부터 와서 어울린다고 조각상으로 보여줬다. 전망대에서 다른 산책로를 따라 내려가니 미술관이 보였다. 문이 활짝 열려 있었다. 어서 들어오란다. 전시관 입구에 마이크 찬 여자가 인사를 했다. 여자 앞으로 나를 포함해 여섯 명이 서 있었다. 전시 중인 작품의 작가를 설명했다. 무료 도슨트였다. 우연히 도슨트 시작 시간에 들어갔다. 작가에 대해서 듣고, 전시장 안으로 들어갔다. 전시장에 들어서자마자 벽을 가득 채운 그림 하나가 걸려 있었다. 전시실 벽은 이 층 높이였다. 고개를 젖혀 작품 전체를 봤다. 흑백사진처럼 보였다. 바위 틈새에 두 개의 폭포가 있었다. 가까이 가니 폭포가 내 머리 위로 쏟아질 것 같았다. 작품의 제목은 223개의 드로잉이었다. 가까이서 보니 손바닥만 한 크기의 종이 위에 그림을 그렸다. 작은 종이 223개가 모여 하나의 큰 작품이 되었다. 도슨트가 아이패드로 작가의 작업실을 보여주었다. 흔히 쓰는 책상 위에 A4 용지 크기의 커팅매트가 있었다. 커팅매트 위에 한지를 올려 반듯한 정사각형으로 잘랐다. 그 종이에 그림을 그렸다. 작은 공간에서 거대한 작품

　　　　　　제 4 장

이 나오다니! 다시 그림을 보니 입이 벌어졌다. 환경은 중요하지 않다. 작가는 대자연을 품고 책상 앞에 앉았다. 작은 커팅매트 위에서 대자연의 꿈을 펼쳤다.

반년 동안 꿈을 잃고 손바닥만 보고 살았다. 손바닥으로 하늘을 가렸다. 하늘은 내 꿈과 열정과 같았다. 어떤 날은 맑았다. 뭐든 다 할 수 있을 것같이 상쾌한 날도 있었다. 어떤 날은 먹구름으로 뒤덮여 하늘이 보이지 않을 때도 있었다. 시간이 갈수록 손바닥으로 하늘을 가렸다. 하늘이 있는지도 잊었다. 눈앞에 보이는 상황에 얼굴을 박고 있었다. 작가처럼 완성될 작품을 놓지 않아야 한다. 매일 손바닥만 한 그림을 섬세하게 그려야 한다. 223개 그림을 모두 그릴 때까지 지치지 않아야 한다. 폰 메모장을 열어 꿈을 썼다. 매일 해야 하는 일을 작성했다. 일하다가 칭찬받거나 잘한 일도 쓰려고 한다. 지칠 때 꺼내 먹는 초콜릿처럼, 메모장이 내 마음에 초콜릿이 될 거다.

지금은 작은 종이에 검은색만 칠하고 있을 수도 있다. 그 부분도 큰 그림에서 꼭 필요한 부분이다. 지치지 말고, 매일 그림 하나 그리자. 매일 그리는 하루가 언젠가 '내 인생'이라는 큰 그림이 완성될 거다. 내가 꿈꾸는 날은 반드시 온다.

8

작은 선택에서
시작하는 좋은 하루

"안녕하세요!"

병원에 들어서자마자 얼굴 근육에 힘을 주었다. 거울에 비치는 내 얼굴은 하회탈 같았다. 고개를 숙이며 목소리 톤을 높였다. 지나가던 교수도 활짝 웃으며 내 어깨에 손을 올려 두 번 토닥이고 갔다. 아침에 웃는 얼굴을 많이 마주할수록 하루가 즐거웠다. 내가 웃으면 상대방도 웃었다. 당직 다음 날은 쉽지 않았다. 새벽에 1시간씩 세 번 나눠 자고 아침 정규 업무 시작을 했다. 그런 날은 아침인지 저녁인지 구분이 없어졌다. 퇴근 시간만 기다렸다. 어깨를 늘어뜨리고, 등은

굽었다. 눈은 바닥만 보고 다녔다. 누가 지나가는지 보이지 않았다.

아침 7시에 테니스 그룹 레슨을 받으러 다닌 적이 있었다. 코치는 항상 웃는 얼굴이었다. 가르치는 내내 웃음을 잃지 않았다.

"가르치는 대로 하면 되는데, 몸이 늘 안 따라오지요? 하하하!"

같은 실수를 반복해도 우리는 웃을 수밖에 없었다. 혼내면서도 웃는 눈이었다. 다음 날도 웃는 눈을 보려고 수업 후, 연습을 했다.

같은 반에 나보다 6살 많은 언니가 있었다. 처음 본 날, 언니는 먼저 다가와 이름을 얘기하며 인사를 했다. 레슨이 끝나고 같이 코트를 빠져나가면서 만나는 모든 사람들에게 인사를 했다. 언니가 마당발이라고 생각했다. 알고 보니 모르는 사람들이었다. 인사하면 기분이 좋다며 만나는 모든 사람에게 인사했다. 처음에는 인사를 해도 고개를 돌리는 사람이 많았다고 했다. 이제는 언니의 인사를 모두 받았다.

미국에 있을 때였다. 미국 사람들은 눈이 마주치면 눈인사를 하며, 말을 걸었다. 가벼운 말 한마디였다.

날씨에 대한 이야기를 하면 밖으로 나가다가 하늘을 봤다.

내가 입은 옷에 대해 칭찬할 때도 있었다. 그날은 거울에 비친 내 모습을 보고 어깨를 으쓱거렸다.

한국에서는 엘리베이터를 탈 때 문 닫기 바빴는데, 미국에서는 한 명이라도 더 태우려고 문밖을 살폈다. 누구를 만나든 한마디 듣고 싶었기 때문이었다. 쇼핑몰을 들어갈 때, 뒤에 누가 따라오는지 살피고 문을 몇 초 잡고 있었다. 문이 내 앞에서 닫히는 일은 없었다. 서로 고맙다는 인사를 하고 건물을 들어가고 나갔다. 몇 초 만에 다른 사람을 기분 좋게 했다.

병원에는 천천히 걷는 사람들이 많다. 걷지 못하는 사람도 많다. 폴대를 잡고 슬리퍼를 끌고 가는 환자들. 목발을 겨드랑이에 끼고 걷는 환자들. 휠체어에 앉아서 가는 환자들. 침대에 누워 이동하는 환자들. 병원 곳곳을 뛰어다니며 일할 때가 많다. 병원에는 열 대의 엘리베이터가 있지만 탈 때마다 삐 소리가 울렸다. 사람은 늘 많았다. 엘리베이터를 타자마자 항상 고개를 벽에 박고 붙었다. 소리가 울려도 내 탓은 아니라는 것을 온몸으로 보였다. 내렸다가는 병동에서 독촉 전화를 받을 게 분명했다. 북적이는 사람들 틈에서 살아남아야 했다. 엘리베이터 문이 닫히고 있으면 뛰어가 발부터 내밀었다. 환자 침대가 보여도 숨을 최대한 내쉬고 몸을 납작하게 만들었다. 침대 옆에 생긴 작은 틈에 몸을 구겨 넣었다. 폴대나 목

     제 4 장

발이 있는 사람은 탈 수 없었다. 배 나온 사람도 힘들었다.

　하루는 텅 빈 엘리베이터였다. 누가 탈까 봐 닫힘 버튼을 여러 번 눌렀다. 쿵 소리가 들렸다. 휠체어 발판이 문에 끼었다. 열림 버튼으로 손가락을 옮겼다. 환자 발은 발판 뒤에 있어 다치지 않았다. 수시로 담배 피러 다니던 아저씨였다. 걷기 귀찮다며 휠체어를 놀이기구 타듯 타고 다녔다. 다행히 발을 피할 수 있었다. 문 앞에 누가 있는지 한 번 살펴야 했다. 누구에게나 먼저 타라고 양보하던 미국 사람들이 생각났다. 쇼핑몰에서도 아파트에서도 한결같았다. 여긴 병원이었다. 일 분도 환자를 배려하지 못했다.

　아침에 출근할 때도 정문이나 후문을 들락거리는 환자들이 많았다. 후문은 흡연 구역으로 갈 수 있기에 흡연자들이 많았다. 휠체어도 혼자 겨우 끌면서 무슨 담배인가 싶었다. 후문에서 만나면 한숨이 절로 났다. 지각해서 뛰어 들어가는데, 휠체어 탄 환자가 문 너머에 가만히 있었다. 뒤에 몇 명 더 서 있었다. 인상을 찡그리고 양문을 힘껏 당겼다. 문 하나만 열어서는 어림도 없었다. 문을 잡고 서서 환자들이 나가는 것을 보고 있었다. 휠체어 뒤에 있던 환자들이 눈을 동그랗게 뜨고 나를 보며 나갔다. 휠체어 탄 환자가 나를 잠깐 노려보더니 고맙다고 하며 나갔다. 환자 뒤통수에 대고 금연이라고 외쳤다. 낮에 병실에서 그 환자를 다시 만났다. 환자는 나에게 미안하다고 했다. 담배 끊기가 어렵다고 했다. 금연이라고 외친 건, 문 열고 서 있기 싫어서였다. 안 그래도 지각이었는데, 몇 분 더 늦어져서 짜증 나서 한 말이었다. 환자는 아침 첫 시간을 담배도 피기 전에 잔소리를 들으며 시작했다. 내가 상처 소독하는 내내 밤새 참고 아침에 한 번 피우러 간다고 했다.

문을 잡고 서서 환자가 나올 때까지 기다렸다. 도와주긴 했지만, 인상은 찌푸렸다. 테니스 언니가 생각났다. 반달눈을 하고, 소프라노 목소리를 냈다. 인상을 찌푸리든지 허공을 보든지 상관없었다. 모두에게 똑같이 인사했다. 좋은 하루! 건강한 하루! 가끔 언니 없이 혼자 지나가면 사람들이 먼저 내게 인사를 건넸다. 언니 덕에 나도 인사를 주고받는 사이가 되었다.

환자는 몸도 마음도 아프다. 대부분 가족들 없이 혼자 병실에서 지낸다. 웃을 일 하나 없다. 병원에 있는 동안, 가족보다 나를 더 많이 만난다. 웃는 얼굴을 마주하는 게 뭐가 그리 힘들다고 미간 주름이 펴질 날이 없다. 입꼬리를 살짝 올리고, 눈을 조금만 찡그리면 된다. 내가 먼저 웃으면 환자가 웃는다. 환자가 웃으면 나도 웃는다.

                    제 4 장

삶의 주인공이 되는 나만의 아이템

"오늘을 잘 살아보려는
마음 하나로 충분하다."

1

서핑 :
중심을 지키며 파도 타기

"파도 위에서 중심을 지키며 파도를 타는 방법을 배울 거다.

내가 되고 싶은 나로 향하는 길이다."

2016년, 『미라클 모닝』이라는 책이 출간되었다. 순식간에 베스트셀러가 되었다. 너도 나도 새벽 알람을 맞췄다. 나도 새벽 6시에 알람을 맞췄다. 인상을 찌푸리며 알람을 끄고 일어났다. 한 달이 지나니 흥얼거리며 알람을 끄기 시작했다. 집 안은 텅 빈 것같이 조용했다. 창밖은 컴컴했다. 세상에 혼자 있는 기분이 들었다. 처음에는 명상 음악을 틀었다. 종 울리는 소리가 몇 번 나더니 고요했다. 눈을 감고 들으니 다시 잠들었다. 클래식 음악을 틀었다. 눈을 감고 음악을 들었다. 음악을 듣다가 하루를 떠올렸다. 눈을 떠 할 일을 노트에 썼다. 다시 눈을 감고 생각을 비우려고 노력했다. 노력이 문제였다. 배에서 꼬르륵거리는 소리가 크게 들렸다. 아침에 뭐 먹을지 생각하다가 눈을 떴다. 일찍 일어나니 배가 더 빨리 고팠다.

눈을 뜨고, 음악을 껐다. 물티슈로 책상을 깨끗이 닦았다. 하루 동안 공부할 분량을 과목별로 정리했다. 메모를 책상 앞에 붙였다. 주방으로 갔다. 아직 집 안은 고요했다. 냉장고를 열어 씻어놓은 야채와 사과를 꺼내 믹서에 넣고 갈았다. 세 컵에 나누어 담았다. 한 컵을 비웠다. 커피 기계의 전원을 켜고 커피를 내렸다. 고소한 커피 향이 주방에 퍼졌다. 숨을 깊게 들이쉬고 내쉬었다. 커피 향이 머릿속까지 파고들었다. 방문이 열리고 엄마가 방을 나오는 소리가 들렸다.

"안녕히 주무셨어요?"

반달눈을 하며 목소리 톤을 높였다. 엄마는 입꼬리를 올리며 손을 흔들었다. 손에 든 커피잔을 들어 올리며 나도 입가에 미소를 지었다. 방으로 들어가 책상 앞에 앉았다. 책을 펼쳤다. 의대 시험 준비 중이었다. 두 번이나 떨어졌다. 명상을 하기 전에는 매일 엄마에게 짜증 내고 성질을 부렸다. 미라클 모닝을 시작하면서 짜증 내는 횟수가 줄었다. 내가 먼저 아침에 먹을 것을 준비했다. 아침 인사도 했다. 책상 앞에 앉

제 5 장

아서 '공부나 하자. 계획대로 하다 보면 되겠지.'라고 혼자 중얼거렸다. 그날 계획한 일정은 어김없이 했다.

대학병원 인턴, 수험생 때보다 짜증이 늘었다. 벽 보고 욕하고 소리치는 날이 많아졌다. 명치에는 늘 음식이 걸려 있는 듯했다. 미간 주름이 깊어졌다. 머리는 산발이었다. 배는 아저씨처럼 허리 벨트 위로 흘러내렸다. 나 스스로 하루를 골치 아프게 만들었다. 이러다가는 인턴 수료도 힘들었다. 의대 합격한 방법을 떠올렸다. 매일 나를 지켜주었던 것은 새벽 명상 시간이었다. 아침에 마음을 가라앉히면 하루를 나답게 지킬 수 있었다. 다시, 새벽 알람을 맞췄다. 출근 시간보다 1시간 일찍 일어났다. 아침마다 폰을 집어 던지고 싶었다. 침대에서 웅크려 명상한 적도 많다. 클래식 음악을 들었다. 피아노나 오케스트라 연주를 들으며 눈을 감고 있었다. 멍하니 출근할 때보다 얼굴 표정이 밝아졌다. 거울을 보고 웃는 연습을 하고 나갈 때가 많았다. 출근하면서 만나는 사람들에게 미소를 보였다. 한 달이 지나도 알람 소리는 여전히 짜증 났지만, 출근하는 발걸음은 가벼워졌다.

하와이 갔을 때, 서핑을 처음 배웠다. 서핑 보드에 앉아 바다를 보며 파도가 오기만을 기다렸다. 높은 파도는 다른 서퍼들에게 양보했다. 서핑 보드에 납작 엎드려 파도가 지나

가길 기다렸다. 낮은 파도가 오면 보드 위에 중심을 잡고 일
어섰다. 파도를 따라 해안가로 흘러갔다. 보드가 멈추면 다
시 바다를 향해 두 팔을 저었다. 출발했던 깊은 바다 위로 갔
다. 서핑 보드에 앉아 하늘도 보고 바다도 봤다. 바다 위에서
한쪽은 하늘에 기대고 한쪽은 바다에 기대어 있었다. 세상을
다 가진 기분이었다. 파도는 서너 번 타고, 반나절 동안 바다
위에 떠 있었다.

서핑 보드를 반납하기 위해 보드를 들고 대여 가게로 갔
다. 입구 문 위에 이런 문구가 있었다.

"파도를 멈출 수는 없지만, 서핑 하는 법을 배울 수 있다."

서핑은 명상과도 같았다. 출렁이는 바다 위에서 생각을 비
웠다. 바닷속을 누비는 거북이를 보면서 거북이가 어떻게 헤
엄을 치는지 배웠다. 하늘과 바다에 기대었다. 점 같은 존재
인 내가 자연을 누릴 수 있다니! 가슴에서 뜨거운 것이 올라
왔다. 한국으로 돌아와 동해에서 두 번 더 서핑을 배웠다. 하
와이와 달리 바다는 훨씬 깊었고, 파도는 거칠었다. 몇 번이
나 파도가 나를 삼켰다. 얼마나 바닷물을 먹었는지, 서핑 후
에도 배가 고프지 않았다.

새벽 알람 소리에 눈을 떴다. 기지개를 펴고, 일어나 커피
기계 앞으로 갔다. 전원을 켰다. 커피 캡슐 하나를 골랐다.

커피 향이 방을 덮었다. 머리도 깨웠다. 일어나는 시간도, 커피도 내가 고르니 하루를 다 가진 기분이 들었다. 요가 매트 위에서 스트레칭을 했다. 음악을 틀고 책상 앞에 앉았다. 눈을 감았다. 코로는 향긋한 커피 향을 맡았다. 귀로는 피아노 소리를 들었다. 전날 3시간 잤지만, 머리가 맑았다. 침대에 이고 들어왔던 무거운 돌덩이가 사라졌다. 가벼운 몸으로 출근했다.

병실에 가니 아침부터 소리 지르는 환자가 있었다. 밤새 옆 침대 환자가 코를 골아서 잠을 설쳤다고 했다. 예전 같았으면 못 들은 척하고, 할 일만 하고 병실을 나갔을 것이다. 난 상관없으니 나한테 짜증 내지 말라고 말했을 거다. 이날은 달랐다. 환자의 어깨를 토닥이며, 아픈데 잠까지 편하게 잘 수 없으니 얼마나 힘들겠냐며 말 한마디 건넸다. 오전에 예정되어 있던 물리치료를 오후로 바꿨다. 오전에는 눈 붙여 보라고 하니 고맙다고 내 손을 잡았다. 코 골았던 환자를 오전에 물리치료 보냈다. 병실은 조용해졌다. 소리 지르지 말라고 다그치면 더 시끄러워졌다. 아침 명상 덕분에 환자를 부드럽게 대했다. 짜증을 되받아치는 것보다 해결 방법을 찾았다.

파도를 멈출 수는 없다. 파도에 맞서 싸우면 파도가 나를 집어삼킨다. 바닷속에 머리가 박히고 허우적댄다. 파도를 등

지고 파도의 흐름에 나를 맡기고 서면, 파도를 즐길 수 있
다. 파도를 타며 중심 잡는 것을 연습하다 보면 된다. 처음에
는 작은 파도부터 연습한다. 점점 큰 파도를 타다 보면 언젠
가 된다. 사람들에게도 마찬가지다. 파도에 맞서지 말고, 피
하지도 않아야겠다. 파도 위에서 중심을 지키며 파도를 타는
방법을 배울 거다. '내가 되고 싶은 나'로 향하는 길이다.

2

일기 :
마음을 말랑거리게 하는 힘

"일기는 그날의 감정과 풍경을 다시 살아나게 만든다.
마음이 말랑해지면서 여유가 생긴다."

"고모, 일어나! 언제까지 잘 거야!"

둘째 조카 다니엘이 나를 흔들어 깨웠다. 시계를 보니 새벽 6시였다. 창밖이 밝았다. 아직 해는 보이지 않지만, 산 위는 붉고 하늘은 환했다. 전날 엄마와 조카 에스더와 다니엘이 놀러왔다. 다니엘은 자정까지 유리창에 붙어 서서 밖을 구경했다. 지나가는 차를 가리키며 놀자고 떼썼다. 저녁 9시에 불을 끄고 잠을 청했다. 말을 듣지 않았다. 커튼이 없는 창 앞에 섰다. 다니는 차가 많은데 자기는 왜 벌써 자야 하냐고 난리다. 모두가 자면 자겠다고 떼를 썼다. 조카들은 태어나 처음으로 20층에서 바깥을 봤다. 차는 왜 이렇게 작나? 하늘은 왜 이렇게 가깝나? 저녁 시간 내내 질문을 했다. 힘을 다 쏟아내고 나서 잠들었다. 커튼이 없어 방이 빨리 밝아졌다. 다니엘이 가장 먼저 일어났다. 아침이 되었으니 놀아야 한다고 모두를 깨웠다. 전날 밤, 캄캄하면 자야 한다고 했다. 날이 밝으니 누워 있을 핑계를 대지 못했다.

눈을 비비며 일어나 창가에 있는 소파에 다니엘과 같이 앉았다. 하늘을 손가락으로 가리켰다. 티라노사우루스를 외쳤다. 구름을 가리키며 다니엘이 가장 좋아하는 공룡과 똑같이 생겼다며 깔깔거렸다. 누나 에스더에게 갔다. 공룡 보러 가자며 몸을 흔들어 깨웠다. 공룡 공원 문 여는 시간은 2시간이나 남았다. 에스더라도 잠을 더 재우고 싶었다. 다니엘에게 밖으로 나가자고 했다. 공원에 들고 갈 김밥과 간식을 사자고 했다. 다니엘은 먼저 신발을 신고 뛰었다. 마트에 가서 자기가 좋아하는 새우과자와 누나가 좋아하는 감자과자를 골랐다. 김밥은 만들자고 했다. 냉장코너에 가서 김밥에 넣을 단무지, 게살, 어묵, 계란을 골랐다. 음료수도 몇 개 골랐다. 장바구니를 함께 들고 집으로 갔다. 집에 가니 눈이 반쯤 감긴 에스더가 엄마와 함께 소파에 앉아 있었다. 다니엘이 에스더 옆으로 가서 장바구니 속을 보여주며 어깨를 으쓱거렸다. 둘이 창밖을 보며 구름에 이름을 붙이고 놀았다. 그동안, 엄마와 김밥을 만들었다.

도시락과 간식을 챙긴 가방을 들고 공룡 공원으로 갔다. 공원 입구에서 티라노사우루스와 브라키오사우루스가 웃는 표정으로 서 있었다. 뒷자리에 탄 아이들이 소리를 질렀다. 주차를 하고, 차에서 내리자마자 공원으로 뛰어 들어갔다. 박물관까지 이어진 길에는 열 마리가 넘는 공룡이 서 있었다. 구경하며 사진도 찍으니 오 분 거리를 삼십 분 걸려 도착했다. 박물관에는 시대별 공룡의 모형, 화석이 있었다. 전시를 다 구경하고, 마지막에 20분짜리 공룡 영화도 봤다. 아이들은 영화를 보고 나와서도 힘이 남아돌았다. 공원으로 나가서 뛰어다녔다.

"고모, 나 잡아봐라!"

양쪽에서 들렸다. 다니엘이 더 작으니 먼저 잡으러 갔다. 잡히자마자 자기 먼저 잡았다고 울고 난리 쳤다. 다시 놓아주고, 에스더를 잡으러 갔다. 에스더가 나를 째려봤다. 잡지 못하는 척, 천천히 뛰었다. 공원 몇 바퀴를 돌고 나서야 아이들이 나에게 왔다. 둘을 양손에 잡고 엄마에게 갔다. 박물관 들어가기 전에 먹었던 도시락 흔적이 그대로 있었다. 엄마는 벤치에 누워 자고 있었다.

“엄마!”

버럭 소리를 질렀다. 1시간 넘게 공원을 뛰어다녔다. 아이들을 잡으면, 데리고 집에 가면 된다고 생각했다. 정리까지 해야 하다니! 머리가 지끈거리고, 무거운 가방을 어깨에 멘 기분이 들었다. 팔, 다리에 힘이 빠졌다. 아이들이 내 손을 꽉 잡았다. 둘이 싸우는 거냐며 눈물을 글썽거렸다. 표정을 가다듬었다. 눈을 찡긋거리며 고개를 양쪽으로 흔들었다. 바닥에 떨어져 있는 물통을 집어 들어 마셨다. 아까 남긴 커피도 들이켰다. 두 팔을 걷고 쓰레기를 정리했다. 아이들은 도시락통을 장난감처럼 들고 흔들었다. 이 악물고, “모두 제자리!”라는 노래를 불렀다. 둘이서 노래를 따라 부르며 도시락을 정리했다. 짐을 들고 주차장으로 갔다. 아이들이 할머니 양손을 잡고 고모랑 술래잡기한 얘기를 하며 차로 왔다. 낮에 엄마 눈 밑에 있었던 다크서클이 옅어졌다. 얼굴이 아침처럼 밝아졌다.

엄마와 조카들과 헤어지고, 집에 혼자 들어왔다. 창가 소파에 앉았다. 하늘이 어둑해져 있었다. 구름도 잘 보이지 않았다. 옆에서 재잘거리던 아이들의 목소리가 더 이상 들리지 않았다. 폰 사진첩을 열었다. 낮에 공원에서 찍은 사진을 봤다. 모두 눈동자가 보이지 않는 반달눈을 하고 있었다. 책상

제 5 장

앞으로 갔다. 일기를 썼다. 새벽에 다니엘이 나를 깨우던 목소리가 들렸다. 공원에서 놀던 장면을 쓰면서 입가에 미소가 번졌다. 엄마에게 소리를 지르던 때가 떠오르며 눈가가 촉촉해졌다. 아이들을 데리고 우리 집까지 온 것만으로도 감사해야 했다. 얼굴이 화끈거렸다. 할머니가 된 엄마였다. 엄마는 내게 늘 젊고 강한 사람이었나 보다. 엄마에게 전화를 걸었다. 전화기 너머로 따뜻한 목소리가 흘러나왔다. 고맙다는 한마디 말에, 눈물이 전화기를 타고 바닥에 떨어졌다.

36시간 근무를 마친 날이었다. 배에서 꼬르륵 소리가 연이어 났다. 몸은 천근만근이었다. 집에 들어서자마자 방바닥에 누웠다. 폰을 만지다가 아이들과 공룡 공원에 갔던 날 찍었던 사진을 봤다. 메모장에 쓴 일기도 읽었다. 가슴이 간질거렸다. 귓가에 다니엘과 에스더의 목소리가 들렸다. 엄마에게 전화를 걸었다. 밝은 목소리로 내 이름을 불렀다. 공원에서 웃었던 엄마의 얼굴이 그려졌다. 동생에게 전화를 걸었다. 조카들의 목소리가 들렸다. 동생 옆에서 놀고 있었는데, 전화기에 내 이름이 뜨는 걸 보고 소리를 지르며 뛰었다고 했다. 병원에서 집까지 끌고 들어왔던 스트레스가 한 번에 날아갔다. 전화를 끊고, 저녁을 먹었다. 정리를 하고, 씻었다. 몸을 씻는데, 마음까지 깨끗해졌다. 낮에 화내던 환자의 얼굴과 목소리도 사라졌다.

　일기는 그날의 감정과 풍경을 다시 살아나게 만든다. 마음이 말랑해지면서 여유가 생긴다. 퇴근 후에 집에 오면 누워서 스트레스를 곱씹었다. 드라마 보면서 잊으려고 노력했다. 다음 날 아침에 어김없이 짜증이 났다. 일기와 사진을 꺼내본 날은 달랐다. 입가에 미소가 생겼다. 병원에서 내게 화냈던 사람들도 나와 같이 누군가의 가족이라는 생각이 들었다. 공원에서 낮에 엄마에게 짜증을 냈던 것처럼, 환자들도 별 생각 없이 한마디 소리친 것은 아닐까? 도와달라는 외침은 아니었을까? 어깨 위에 얹혀 있던 짐이 사라졌다.

3

글쓰기 :
스스로에게 솔직해지는 시간

"문제를 넓은 마음으로 볼 수 있게 된다."

초등학생 방학 숙제에는 늘 일기 쓰기가 있었다. 1학년 때는 그림일기를 썼다. 2학년부터 그림을 빼고, 일기를 써도 되었다. 방학 내내 한 글자도 쓰지 않다가 개학 이틀 전에 일기장을 샀다. 책상 앞에 앉아 달력을 폈다. 일기장에 방학 첫 날짜를 썼다. 뭐했는지 기억이 나질 않았다. 생각나는 일부터 썼다. 이틀 내내 책상 앞을 떠나지 않았다. 거의 두 달 치 일기를 이틀 만에 써야 했기 때문이었다. 하루 동안 있었던 일을 며칠에 걸쳐 나눠 쓰기도 했다. 어떤 날은 점심 먹은 반찬을 자세히 썼다. 무슨 내용인지 알 수 없는 날도 있었다.

그냥 썼다. 글씨도 갈겼다. 개학 첫날부터 숙제 내지 않았다고 혼나긴 싫었기 때문에 대충이라도 했다. 선생님도 일기를 읽어보지는 않나 보다. 일기장을 돌려받을 때, 공책 표지에 '참 잘했어요.'라는 도장이 찍혀 있는 걸 보면 말이다.

초등학교 6학년, 다른 동네로 이사를 갔다. 친구들과 헤어졌다. 친구들에게 매일 편지 한 통 썼다. 새로운 학교에서 지내는 이야기를 주로 썼다. 쉬는 시간이나 집에서 글을 썼다. 집 가는 길에 있는 문구점에 들렀다. 편지 읽을 친구를 떠올리며 어울릴 법한 편지지를 골랐다. 손에 들고 흔들며 집으로 갔다. 문구점 옆 분식집에서 떡볶이 냄새로 나를 끌어당겼다. 몇 번이나 흘겨보고 등을 돌렸다. 가끔 동생이 떡볶이를 먹고 있었다. 포크를 빼앗아 들고 몇 개 집어 먹었다. 용돈 대부분을 편지지 사는 데 썼다.

새로운 학교에서 친구가 늘어날수록 편지 쓰는 날이 줄었다. 일주일에 한 번 편지를 썼다. 새로운 친구들과 매일 편지를 주고받았다. 다른 반 친구와 편지 공책을 만들었다. 편지지보다 공책이 쌌다. 공책은 내용이 계속 연결되기 때문에 편했다. 중복되는 내용은 빼고 쓸 수 있었다. 공책을 다 써갈 무렵, 중학생이 되었다. 새로운 환경에 적응하느라 바빴다. 편지 공책도 매일 쓰다가 일주일에 한 번으로 줄었다. 방학 숙제처럼 공책 교환 전날, 몰아 썼다. 편지 공책도, 편지도 그만 썼다.

글쓰기는 중단하지 않았다. 〈젊은이의 양지〉라는 드라마를 챙겨봤다. 드라마를 볼 나이는 아니었지만, 엄마 몰래 봤다. 본방송 시간에는 밖에 있다가도 집에 들어갔다. 재방송 시간도 놓치지 않았다. 주인공이었던 배용준 사진을 모았다. 여느 십 대 소녀처럼, 사진을 방에 붙여뒀다. 문구점에 편지지 대신 배용준 사진과 엽서를 사러 갔다. 꿈에서 배용준을 만나기도 했다. 드라마의 한 장면이 나오기도 했다. 소설을 쓰기로 했다. 부제는 정해졌다. 배용준과의 연애. 주인공은 나와 배용준이었다. 첫 장면에서 내가 드라마 세트장에 놀러 갔다가 배용준과 만났다. 드라마 촬영이 없는 날은 시내를 함께 다니며 데이트를 했다. 순정 만화책에서 본 대사를 넣었다. 친구는 수업 시간에 내 공책을 읽으며 낄낄거렸다. 선생님께 걸려 복도에서 손 들고 서 있었다고 했다. 글을 쓰면, 내가 원하는 삶을 살 수 있었다. 덤으로 친구까지 웃겼다.

같은 반 친구, 현주는 박경리, 피천득 등 문학책에 작품이 실리는 작가들의 책을 매일 읽었다. 내가 끼고 다니던 순정 만화책은 거들떠보지 않았다. 만화방에 들르는 나를 놀렸다. 나의 첫 소설을 펴서 현주에게 보여주니 코웃음을 쳤다. 손으로 공책을 내게로 밀었다. 박경리의『토지』를 읽고 쓴 독후감을 내게 건넸다. 『토지』의 내용이 한 장에 담겨 있었다. 그날 집에 가는 길에 만화방에 들렀다. 소설책이 있는 곳에『토지』가 있었다. 가방에 있던 만화책을 반납하고, 『토지』 다섯 권을 빌렸다. 한 달 넘게 저녁마다『토지』를 읽었다. 이때부터 글을 쓰지 않았다. 소설을 함부로 대했다. 수업시간에 친구가 내 소설을 읽다가 걸렸을 때, 선생님이 내 소설을 읽었다. 그때 선생님이 나에게 쓸데없는 짓 하지 말고, 공부나 하라고 했다. 그래서 공부나 했다.

20년이 지난 어느 날, 전화 한 통이 울렸다. 고등학교 친구 진희였다.

"그루야, 나 책 출간한다! 너, 내가 듣는 글쓰기 수업 한번 들어볼래? 이거 진짜 대박이야! 다음 주에 무료 강의 있는데 같이 가자."

진희가 책을 썼다고? 학창 시절, 진희가 글을 쓰는 것을 본 적이 없었다. 책은 수업 시간에만 읽었다. 문학 선생님이 수업 시간마다 진희에게 책 읽기를 시켰다. 목소리가 예쁘고, 말투가 똑 부러진다는 이유였다. 평소에는 내가 진희보다 책 읽고 쓰기를 자주 했었다. 진희가 썼다는데 내가 쓰지 못할 이유가 없었다. 진희를 따라 무료 강의를 갔다. 수강 등록을 하고, 20년 만에 글쓰기를 다시 시작했다. 의대 시험 준비를 할 때였다. 수험생이라 시간에 쫓겨, 친구도 거의 만나지 못했다. 어딘가에 마음 쏟아 놓을 곳이 필요했다. 초등학생 때, 친구에게 편지 쓴 것과도 같았다. 시간이 없던 내게 글쓰기는 쉽게 만날 수 있는 친구가 되었다.

모의고사 성적이 잘 나온 날이었다. 마트에 가서 장을 봤다. 비빔국수 재료를 샀다. 아빠는 매콤한 비빔국수를 좋아했다. 식탁에 비빔장, 국수, 고명을 각각 따로 담아 두었다. 엄마가 대접을 가져오더니 담으라고 했다. 소리를 버럭 질렀다. 왜 매번 엄마 마음대로야? 자기 입맛대로 따로 먹자. 내가 말하는 동안 엄마가 국수, 고명, 비빔장을 대접에 부었다. 악, 소리를 질렀다. 아빠가 들어왔다. 아빠는 집에 들어오자마자 우리가 싸우고 있는 걸 봤다. 그만하라고 소리치면서 대접을 싱크대에 던졌다. 심장이 쿵쾅거렸다. 얼굴이 뜨거워서 터질 것 같았다. 머리에는 숯불이 떨어져 있었다. 눈시울이 붉어졌다. 속에서 용암이 올라오는데, 입을 닫고 방으로 들어갔다. 창문을 열고, 얼굴을 내밀었다. 침대에 누웠다가 앉기를 반복했다.

책상 앞에 앉아서 종이에 입으로 튀어나올 말을 글로 썼다. 입 밖으로 내뱉었다가는 아빠에게 또 혼날 게 뻔했기 때문이었다. 모의고사 성적을 보며 신났는데, 땅속으로 들어가고 싶은 마음이 들었다. 엄마가 이러는 건, 하루이틀이 아니었다. 편하게 해주려고 하는 거란다. 나는 내가 뭐든 스스로 하게 하는 게 편했다. 글로 쓰니 머리가 차가워졌다. 엄마가 나를 괴롭히려고 그러는 게 아닌데, 순간 늘 화를 냈다. 나는 각자 만들어 먹을 수 있게 준비해 두었다. 엄마는 완성된 비빔국수를 식탁에 올려놓고 싶었다. 모두에게 편할 것이라고 생각했다. 생각의 차이였다. 엄마의 배려를 이해하지 못했다.

거실로 갔다. 아빠가 먼저 미안하다고 했다. 개미만 한 목소리로 잘못했다고 했다. 식탁에 남은 재료로 비빔국수를 만들어 나눠 먹었다. 집 안은 국수 씹는 소리만 들렸다. 찬 음식을 먹었는데, 아직도 속이 뜨겁다며 매운 비빔장 탓을 했다. 아빠가 팥빙수를 먹으러 가자고 했다. 카페에 가서야 서로의 눈을 보며 웃었다.

글쓰기는 또 다른 나였다. 뭐든 말했다. 욕을 퍼부어도 괜찮았다. 욕으로 시작하지만, 욕으로 끝나지 않았다. 쓰다 보면 생각이 바뀌었다. 감정이 다 쏟아진 후, 머리가 차가워졌다. 내가 처한 상황이 다르게 보였다. 화내고 울었던 순간을 후회하게 했다. 한 번만 참고 생각해 볼 걸, 그러지 말 걸. 그러다가 답이 떠오르기도 했다. 이건 글의 메시지가 되기도

 제 5 장

했다. 막 쓰는 글도 메시지가 생겼다. 내게 힘과 격려가 되었다. 스스로를 위로해 주었다. 다음에는 같은 실수를 반복하지 않게 도왔다.

글, 잘 쓰려고 애쓸 필요 없다. 글 쓰면 내게 솔직해진다. 나를 돌아볼 수 있다. 문제를 넓은 마음으로 볼 수 있게 된다. 문제를 넘어가게도 해주고, 피하게도 해준다. 나를 내 삶의 주인공으로 이끈다.

4

사진 :
일상을 바라보는 시선의 기록

“기록은 일상을 바라보는 시선을 바꿨다.

새로운 시선은 나의 일상을 변화시켰다.”

　머리만 대면 골아떨어졌는데, 요즘 누워도 잠이 빨리 오지 않았다. 창가에서 희미한 빛이 천정에 스며들었다. 천정을 보며 눈을 깜박거렸다. 귀로 눈물이 흘렀다. 한참을 뒤척이다가 잠들었다. 알람도 맞추지 않았는데, 눈을 떴다. 창가에서 햇빛이 들어왔기 때문이었다. 폰을 만지다가 동영상을 틀었다. 배에서 몇 번이나 꼬르륵거렸다. 동영상 몇 개를 보고 나서야 시계를 봤다. 정오가 다 되어가고 있었다. 일어났다. 전기 주전자에 물을 붓고 전원을 켰다. 물이 끓었다. 컵라면에 부었다. 식탁 위에 아이패드를 올려두고, 드라마를 틀었

다. 컵라면을 먹으면서 드라마를 봤다. 허기가 가시지 않았
다. 봉지라면 하나를 꺼내 부줬다. 봉지를 뜯어 분말 스프를
반쯤 넣고 흔들었다. 드라마를 보며 먹었다. 아직 드라마가
끝나지 않았는데, 라면이 없었다. 냉동실에 있던 빵을 꺼내
데웠다. 드라마가 끝나니, 배가 빵빵해졌다. 배를 두드리며
소파에 앉았다. 창밖을 보는데 양 뺨을 타고 눈물이 흘렀다.

　3년 전, 헬스장에서 운동을 시작한 지 일 년 정도 되었을
때였다. 거의 매일 헬스장에 가니 자주 만나는 사람이 생겼
다. 고개 꾸벅하며 인사를 주고받았다. 하루는 헬스장에 둘
뿐이었다. 내게 다가오더니 운동 선수냐고 물었다. 소리 내
웃으며 손사래를 쳤다. 그는 전 국가대표 농구선수. 헬스 트
레이너와 친구였다. 운동을 잘하는 비법을 물었다. 운동보다
식습관에 신경을 쓰라고 했다. 그는 술, 담배는 입에도 대지
않았다. 튀긴 음식은 일 년에 한 번 먹었다. 매 끼니마다 샐
러드와 닭고기 또는 지방이 적은 소고기, 생선을 먹었다. 콜
라 등 당분이 많은 음료는 절대 먹지 않았다. 하루쯤 어겨도
티가 나지 않을 거라 생각하면 안 된다고 했다. 하루가 이틀
이 되고, 몇 개월이 된다며 하루를 잘 챙겨야 한다고. 식습관
관리를 하는 선수들은 무조건 선발 선수가 된다고 했다. 선
수 기량 차이는 관리에서부터 시작되었다. 보통 사람의 운동

도 마찬가지라며 생활 관리를 하라고 했다. 그가 다르게 보였다. 운동만 열심히 한다고 되는 게 아니구나. 얼마나 차이 나는지 해보기로 마음먹었다.

헬스 트레이너는 매일 먹은 음식과 운동을 소셜 미디어에 올렸다. 마흔이 넘었는데도 현역이었다. 이십 대 선수들과 같은 무대를 섰다. 비결은 매일 철저한 자기 관리였다. 내게도 소셜 미디어에 기록을 남기라고 했다. 매일 사진과 글을 올리면 변화 과정을 볼 수 있었다. 트레이너가 기록을 보고 피드백을 도와준다고 했다. 하다 보면 스스로 점검하고 수정할 수 있게 된다며 권유했다. 인스턴트 음식을 먹고 싶은 날, 억지로라도 참을 수 있게 공개된 기록을 시작했다.

처음에는 먹는 음식을 다 찍어서 올렸다. 예쁘지도 않은데 누가 관심 있을까? 매일 본 것 중에 기억하고 싶은 것을 사진 찍어서 올렸다. 며칠 뒤, 건강 관리 시작 기념을 위해 도봉산으로 등산을 갔다. 정상에서 도봉산이라는 글씨가 새겨진 바위 옆에서 사진을 찍었다. 내려와서 생 오리 구이를 먹으러 갔다. 소셜 미디어에 도봉산과 오리 구이 사진을 올렸다. 씻고 침대에 누우니 모의고사 일 등 한 기분이 들었다.

월요일, 종일 병원에서 실습했다. 카페에 앉아 커피 마실 여유도 없었다. 저녁에 집에 들어가 알록달록한 샐러드를 접시에 담았다. 고기를 구워 옆에 두었다. 평소 같으면 대충 올려두고 먹었을 텐데. 사진 한 장 찍어야 하니 예쁜 접시에 음식을 정성스레 올렸다. 사진을 찍고 식탁 앞에 앉으니 대접받는 기분이 들었다.

매일 기록을 하면서 내가 달라졌다. 이전에는 집에 들어가면 입구에서 뱀 허물 벗듯 옷을 벗어두고 침대로 곧장 달려가 누웠다. 이제는 옷을 갈아입고, 벗은 옷을 정리했다. 청소기를 돌렸다. 집은 사진 찍어서 올릴 것도 아닌데 달라졌다. 바닥을 닦고, 책상과 식탁도 닦았다. 저녁 식탁을 차렸다. 먹자마자 식탁을 정리하고 설거지를 했다.

소셜 미디어에서 새로운 팔로워들을 만났다. 운동을 좋아하는 사람들을 알게 되었다. 그들의 일상을 매일 봤다. 누구에게나 배울 점이 있었다. 등산을 자주 가는 사람을 보고, 2주에 한 번 등산 약속을 잡았다. 매일 눈바디 찍어서 올리는 사람도 있었다. 몸 사진 올리기는 용기가 나지 않았다. 아침마다 거울 앞에 섰다. 사진 찍는 것처럼 포즈를 취해보기도 했다. 작아진 옷이 맞는지 입어 보기도 했다.

4개월 동안 매일 기록을 남겼다. 남의 일상만 볼 때는 부럽기만 했다. 소셜 미디어를 보는 시간도 많았다. 돌아서면 기억나지도 않았다. 내 기록을 남기니 오히려 소셜 미디어를 보는 시간이 줄었다. 사진과 글을 남기기 위해 하루를 열심히 살아야 했기 때문이었다. 삼시세끼, 귀찮은 일인 줄 알았는데. 장 보러 가는 시간을 기다렸다.

　마지막 사진은 바디프로필이었다. 복근이 선명하게 보였다. 양 뺨에 흐르는 눈물을 닦으며 3년 전 소셜 미디어에 올렸던 사진을 봤다. 국시를 준비하는 의대생이었다. 종일 공부하고, 잠깐 밥 먹고 운동했다. 재밌을 거 하나 없는 일상이었다. 사진 밑에 남긴 글은 하나같이 긍정적인 말뿐이었다. 공부, 운동, 건강을 다 챙겼다. 퇴근하고 마음껏 운동하거나 놀아도 되는데, 왜 아무것도 안 하고 있을까. 모자를 쓰고 마트로 갔다. 카트를 끌고 냉장코너로 갔다. 야채 몇 가지를 카트에 넣었다. 생선 한 마리와 소고기 한 팩을 담았다. 나오는 길에 라면 앞에 서서 잡았다 놓았다 몇 번 반복하다가 내려놓았다. 집에 돌아와 창문을 열었다. 여기저기 놓여 있는 물건을 정리했다. 청소기를 돌렸다. 식탁과 주방을 깨끗이 닦았다. 야채를 씻었다. 고기를 구웠다. 가장 예쁜 접시를 꺼내 채소와 고기를 올려두었다. 식탁 사진을 찍었다. 다 먹고 바로 설거지를 했다. 쓰레기를 들고 일 층으로 갔다. 쓰레기를 버리고, 집 앞 공원으로 갔다. 걸으면서 주변을 돌아봤다. 하늘도 봤다. 초승달이 있었다. 나를 보고 웃어주는 듯했다.

　　　제 5 장

집으로 돌아갔다. 집이 깨끗했다. 새집에 들어가는 기분이 들었다. 씻고 침대에 누우니 금방 잠이 들었다. 알람이 울리기도 전에 눈을 떴다. 방이 깨끗하니 요가매트 펼 곳도 있었다. 요가매트 위에서 스트레칭 몇 개를 했다. 세수를 하고 출근 준비를 했다. 전날 사둔 요거트와 과일을 먹었다. 속이 든든했다. 출근하는 발걸음이 가벼웠다. 하루가 금방 갔다. 퇴근하고 집에 와서 냉장고를 열었다. 저녁 식탁을 차렸다. 누구 하나 나에게 수고했다고 말한 사람이 없지만 괜찮았다. 저녁 식탁이 나에게 보상이었다.

기록은 일상을 바라보는 시선을 바꿨다. 새로운 시선은 나의 일상을 변화시켰다.

5

러닝 :
생각을 버리고 나를 살리는 리듬

"고민거리는 뛰면서 다 사라지나 보다."

2021년 9월 거울 앞에 서면 식스팩이 보였다. 2023년 9월 거울 앞에 서면 서양배가 보였다. 옷 갈아입다가 거울을 보니 예전 모습이 아니었다. 어쩐지 청바지가 잘 잠기지 않더라. 아침에 옷 입을 때는 운동을 해야겠다는 다짐을 했다. 퇴근하면 피곤하니까 쉬어야지. 내일로 미뤘다. 그렇게 새해를 맞이하고, 구정이 지났다. 겨울과 봄이 만나는 계절이었다. 운동을 좋아하는 친구들이 러닝을 시작했다. 약간 추운 날씨가 밖에서 뛰기 좋다며 내게 러닝을 권유했다. 안 그래도 뱃살을 빼야 했는데 잘됐다. 첫날 오 분만에 헥헥거렸다. 십 분만 뛰고 걸었다. 일주일 정도는 10~20분 뛰었다. 러닝 앱에 기록을 올렸다. 러닝 앱에서 친구끼리 서로의 기록을 볼 수 있었다. 친구들의 기록을 보며 매일 뛰는 시간과 거리를 늘렸다. 월말에는 한 달 동안 뛴 거리를 합산해서 보여줬다. 친구 은아가 일 등이었다. 나보다 두 배 더 뛰었다.

은아에게 연락이 왔다. 초보 러너 가이드 영상을 보냈다. 이렇게 천천히 뛰어도 되나 싶을 정도로 뛰어야 오래 뛸 수 있다. 무리하지 말고 뛸 수 있는 만큼 매일 연습하면 된다. 영상 가이드를 보는 건 쉬웠다. 운동화를 신고 밖으로 나가는 건 어려웠다. 새가 알을 깨고 나가는 게 이런 기분일까. 침대에 누워서 은아가 보내주는 영상만 보고 싶었다. 내 러닝 기록이 올라오지 않자, 은아는 매일 초보 러너를 위한 영상을 보냈다. 러닝화 사는 방법도 알려줬다. 여섯 개의 브랜드 러닝화를 비교 분석한 표를 보여주며 장단점을 설명했다. 인터넷 쇼핑몰에 들어가지도 않으니 전화가 왔다.

"뭐 해?"

"그냥 누워 있지."

"지금 링크 하나 보낼 테니 봐봐. 너 사이즈만 지금 30% 할인한다. 쿠폰 받으면 15% 추가 할인이야. 이거 안 사면 안 된다!"

전화를 끊고 링크를 클릭했다. 딸기우유 색이었다. 아이처럼 보이진 않을까? 몇 군데 더 찾아봐도 이 가격은 없었다. 다른 색은 할인을 하지 않았다. 은아 말이 맞았다. 다시 못 볼 가격이었다. 내 사이즈만 세일! 러닝을 해야 할 운명인가! 결제를 하고 은아에게 고맙다고 전했다.

이틀 후에 운동화가 도착했다. 신어 보니 딱 맞았다. 러닝화는 다른 운동화와 달랐다. 신발 밑창에 쿠션이 있었다. 몇 걸음 걸으니 푹신했다. 천천히 달리니 몸이 가볍게 느껴졌다. 바닥에서 나의 발을 위로 밀어 올렸다. 신은 김에 밖으로 갔다. 집 앞 운동장으로 뛰어갔다. 뛰고 있는 사람들이 몇 있었다. 폰에서 노래를 틀고 러닝 앱을 켰다. 천천히 뛰었다. 흰 티를 입은 여자가 일정한 속도로 뛰고 있었다. 내 페이스 메이커라고 점찍었다. 달리기를 멈추고 싶을 때마다 앞에 뛰는 여자를 봤다. 그 여자와 거리가 멀어지지도 가까워지지도 않게 뛰었다. 처음으로 30분이 지났다. 그녀는 같은 속도로 뛰고 있었지만, 나는 운동장을 빠져나왔다.

평소 건널목에서 신호등이 깜빡여도 뛰지 않았다. 다음 신호를 기다렸다. 헬스장에 가도 트레드 밀에서 걷기만 했다. 회사나 학교에 지각할 때나 뛰었다. 30분이나 뛰다니! 러닝 앱에 기록을 남겼다. 은아에게 연락이 왔다. 늘어가는

제 5 장

러닝 시간과 거리에 박수 이모티콘을 보냈다. 러너가 되었으니 일주일에 한 번은 1시간 러닝을 권유했다. 하다 보면 마라톤 대회도 나갈 수 있게 된다 했다.

한 달 전부터 아침 명상을 하고 있었다. 출근 시간보다 30분 일찍 일어났다. 이제는 알람 소리 전에 깼다. 러닝을 위해 알람 시간을 30분 더 당겼다. 알람이 울리자마자 침대에서 나왔다. 다리를 책상에 하나씩 번갈아 올려 스트레칭을 했다. 모자를 쓰고 운동복을 입었다. 새 운동화를 신고 가볍게 뛰면서 밖으로 나갔다. 집 앞 운동장을 20~30분 뛰고 집에 들어와 씻었다. 출근하는 길에 러닝화를 신지 않아도 몸이 가벼웠다. 점심 먹고 난 직후 졸음이 쏟아지긴 했지만 종일 상쾌했다.

며칠이 지나면서 알람 소리가 울리면 폰을 집어던지고 싶었다. 운동화를 신고 밖으로 나가는 건 제주도만큼이나 멀게 느껴졌다. 다녀와서 씻으면 그런 생각이 땀과 함께 사라졌다. 알람 소리에 느끼는 감정은 침대에 두고 일어나야 한다. 순간의 감정과 생각은 쓸데없었다. 한 번씩 뭉그적거리다가 운동도 명상도 안 하는 날이 있었다. 평소보다 늦게 일어났지만 몸은 더 무거웠다. 머리도 아팠다. 일어나기 싫은 아침이 되었다.

천근만근 되는 몸을 억지로 일으켰다. 밖으로 나가니 해는 보이지 않고, 하늘은 회색빛을 띠었다. 바람이 약간 불었다. 다행히 뒤에서 불어 나를 운동장으로 밀어주었다. 억지로 첫 발을 내딛었는데 계속 뛰고 있었다. 운동장에 가기만 하면 되는구나. 오 분이 지나니 숨도 덜 차고, 나올 때보다 몸이 가벼워졌다. 하늘도 보고 주변 나무도 둘러봤다. 나올 때는 어두운 녹색이었는데, 뛰면서 점점 밝은 녹색으로 변하고 있었다. 바람은 나뭇가지도 흔들었다. 잎이 바스락거리는 소리가 내게 인사를 건네는 것처럼 들렸다. 새소리도 들렸다. 아침에 짹짹거리는 소리는 경쾌했다. 내가 발 딛는 박자와도 맞아떨어졌다. 그날은 새가 내 페이스메이커가 되었다. 낮에는 어김없이 졸음이 쏟아졌지만 인상을 찡그리지는 않았다.

은아가 마라톤대회 신청서를 보냈다. 은아의 첫 10km 대회였다. 대회는 두 달 뒤 서울에서 열렸다. 자기 집에서 자고 같이 가면 된다며 신청하라고 했다. 지난 주말에 4km 뛴 게 최대 거리인데 나도 될까? 아직 시간이 남았으니 연습을 도와주겠다고 했다. 신청서를 썼다. 목표가 생겼다. 매주 1km 씩 뛰는 거리를 늘리면 가능했다. 완주를 목표로 세웠다. 완주 시간은 중요하지 않았다. 첫 대회. 이거면 늘어난 뱃살도 줄일 수 있겠지. 아침에 일어나기 힘들었지만 대회 때문에 어쩔 수 없었다. 알람 소리와 함께 일어나기 힘든 이유가 수 없이 떠올랐다. 생각을 일시정지 시키고 무조건 일어나 운동복을 입었다.

러닝을 하면서 누워 있는 시간이 줄었다. 밤에 잘 때 눕는 거 말고는 침대에 눕지 않았다. 자려고 누우면 아무 생각 없이 잠들었다. 재밌는 동영상을 1분도 채 보지 못하고 잠들 때가 많았다. 두어 달 지나니 아침에 일어나기가 점점 쉬워졌다. 러닝을 하고 명상을 하니 잡생각 떨치기가 전보다 쉬웠다. 집중도 잘되었다. 고민거리는 뛰면서 다 사라지나 보다. 집에 들어올 때는 물 마실 생각뿐이었다. 씻고 책상 앞에 앉으면 무념무상! 아침 식사를 하고 가벼운 발걸음으로 출근했다.

6

매일 30분:
의지보다 오래가는 약속

"나를 믿고 꾸준히 하는 일이

나에게 가장 큰 격려이자 힘이다."

새벽 5시 반에 일어났다. 30분 달리기와 30분 명상을 하였다. 6시 반이 되면 씻고 출근했다. 퇴근 후에는 30분 일기 썼다. 명상, 달리기, 일기 순으로 시작했다. 할 일이 늘어나니 하다가 다 포기하는 건 아닐까 걱정했다. 그래서 일주일에 네 번 하기로 마음먹었다. 주중 세 번, 주말 한 번 하면 목표 달성! 이렇게 생각하니 부담스럽지 않았다.

아침에 일찍 일어나니 밤에 일찍 잠들었다. 야식 먹는 횟수도 줄었다. 야식을 먹고 난 다음 날 아침에는 바위를 짊어지고 뛰는 것과도 같았기 때문이었다. 컵라면 같이 짜고 매운 음식도 좋지 않았다. 아침부터 속 쓰리거나 뛰다가 아랫배가 아플 때가 많았다. 자연스레 저녁 식사를 신경 쓰게 되었다. 병원 식당에서 먹었다. 배달시켜 먹더라도 한식이나 샐러드를 포함한 음식을 시켰다. 한 달이 지나니 얼굴에 뾰루지도 줄었다. 잘 때도 속이 편했다. 눕자마자 잠들었다. 잠깐 지난 것 같은데 아침 알람이 울렸다. 의자에 걸어둔 운동복을 입고 운동화를 신었다. 일어나서 나가는 데까지 오 분도 걸리지 않았다. 무슨 생각이 들더라도 무시하고 일단 나갔다. 그래야 뛸 수 있었다. 나가면 새들이 지저귄다. 소리에 맞춰 뛰다 보면 해가 떴다. 달리기를 하는 아침에는 내가 해를 하늘에 걸어두는 기분이 들었다.

저녁에는 일기를 썼다. 몇 년을 미뤘었다. 책상 앞에 앉아 몇 자 쓰니 손이 절로 움직였다. 다시 읽어보면 무슨 내용인지 알 수 없을 때도 있었다. 누가 보면 큰일 날 만한 내용도 있었다. 한 문장 쓰는 데 30분 걸리기도 했다. 매번 달랐다. 글 한 편을 완성하기보다는 최소 30분 이상 일기를 쓰는 것에 의미를 두었다. 계속 일기를 쓰려면 양이나 질보다는 한 문장이라도 쓰는 것이 중요했다. 한 문장만 써도 괜찮다고 생각하니 매일 일기를 쓸 수 있게 되었다.

하루의 시작과 끝이 달라졌다. 아침 알람 소리에 짜증을 낼 때도 많다. 가끔 출근 시간에 맞춰 일어날 때도 있다. 그런 날은 일하면서 아침에 운동하지 않은 것을 몇 번이나 후회한다. 자기 전에 누워서 드라마 보고 있을 때도 많다. 잠시 책상 앞에 앉아 몇 글자 쓰고 다시 눕는다. 어떤 날은 몇 글자, 어떤 날은 길게 쓴다. 한 번씩 빼먹을 때도 있다. 가슴에 돌을 올려두고 잠드는 것 같았다. 아침에 인상 쓰면서 일어나 한숨으로 시작했다. 달리기, 명상, 일기를 다 한 날은 잠이 더 잘 왔다. 저녁 내내 신나는 노래를 흥얼거렸다. 다른 날보다 아침에 일어나기가 쉬웠다. 낮에 상사에게 혼난 것도 잊었다. 상사가 칭찬한 날만 저녁때 기분이 좋았는데 달라졌다. 환자들이 짜증 내던 것도 생각이 나질 않았다. 평소에는 몇 번이나 곱씹다가 잠을 뒤척였다.

조카 에스더는 그림을 자주 그린다. 어린이집에서 집에 돌아오면 다섯 장 이상 그림을 그렸다. 처음에는 펜을 주먹 쥐듯 쥐고 선을 몇 개 그었다. 점점 사물의 형태가 뚜렷해졌다. 이제는 공룡도 나보다 잘 그린다. 나와 에스더의 그림을 다니엘에게 보여주면 항상 에스더의 그림만 가지려고 했다. 티라노사우루스의 앞 발가락이 두 개인 것을 에스더 덕분에 알았다. 그리는 대상의 특징을 정확히 알고 그렸다.

바다에 놀러 갔을 때였다. 다니엘은 모래놀이를 하고 에스더는 바다를 그렸다. 첫 풍경화였다. 방파제 위에 앉은 갈매기, 등대에서 나오는 빛, 잔잔하게 해변으로 들어오는 파도를 그렸다. 그림을 사진으로 남겼다. 가족들에게 보냈다. 그림 뒷면에 날짜와 장소를 썼다. 그림이 구겨지지 않게 파일에 넣었다.

일주일 뒤, 함께 카페에 갔다. 에스더는 그림 그릴 종이와 색연필을 가방에 넣었다. 카페에 앉아서 가족들을 그렸다. 아빠는 덩치 크게 그렸다. 동생 다니엘은 손에 티라노사우루스 인형을 그렸다. 고모인 나는 선글라스를 쓰고 있었다. 엄마는 아이들의 소지품이 든 큰 가방을 들고 있었다. 다른 가족도 각자의 특징 한 가지씩 그렸다. 2시간 동안이나 자리에서 꼼짝 안 하고 그렸다. 가족들이 돌아가며 에스더를 안고 머리를 쓰다듬었다. 에스더는 칭찬받는 게 좋다며 다음 날도 그림을 그리겠다고 했다.

어릴 때는 밥만 잘 먹어도 칭찬을 받았다. 종이에 펜을 들고 낙서를 해도 화가 같다며 물개 박수를 받았다. 나이 들수록 칭찬보다 잔소리를 더 듣는다. 혼나기도 한다. 눈치도 많이 본다. 어른도 아이와 같이 칭찬이 필요하다.

달리기, 명상, 일기 쓰기를 시작하면서 내가 달라졌다. 아침에 달리기를 한 날은 뭐든 할 수 있을 것 같다. 일기를 쓰고 나면 그날 있었던 스트레스가 마음에서 종이로 옮겨갔다. 명상을 하고 출근하면 마음이 백지장과도 같아진다. 하루를 새로운 마음으로 시작할 수 있다. 아침 1시간, 저녁 30분이 나의 하루를 변화시켰다. 더 이상 일에 끌려다니지 않았다. 상대방 감정에 휩쓸리지 않았다.

그렇게 한 걸음씩 내딛으니 스스로를 믿게 되었다. 뭐든 할 수 있는 사람이라고. 어른들의 칭찬을 받으며 매일 그림을 그렸던 에스더처럼 나도 스스로를 격려하고 칭찬했다. 다른 누군가에 기대하지 않아도 된다. 칭찬을 기다릴 필요 없다. 나를 믿고 꾸준히 하는 일이 나에게 가장 큰 격려이자 힘이다.

　제 5 장

행동을 이끌어내는
1분의 용기

"지금은 내 인생에서 가장 중요한 순간이다."

"언제 밥 한번 먹자!"

헤어질 때 자주 하는 말이다. 약속 날짜는 정하지 않는다. 다음에 만날 때도 같은 말을 하며 헤어진다. 한 번씩 언제 만날지 혼자 생각한다. 연락을 하면 대부분 '다음에'라고 말한다. 인사치레. 나는 사람들과 헤어질 때 그런 말을 하지 않는다. 조심히 들어가세요. 건강히 지내세요. 할 수 있는 말은 많다. 언젠가 한다는 것은 해도 그만 안 해도 그만이다.

내가 어린이집을 다닐 무렵부터 부모님은 가까이 지내는 다섯 가족과 함께 계모임을 했다. 한 달에 한 번씩 모였다.

돌아가면서 서로의 집으로 놀러 갔다. 캠핑을 갈 때도 있었다. 모일 때마다 돈을 모았다. 모인 돈으로 일 년에 한 번은 이박 삼일 여행을 갔다. 우리가 초등학교 고학년이 되었을 때부터는 어른들끼리 해외여행을 갔다. 동남아만 갔다. 몇 번이나 동남아를 다녀오니 유럽 가자는 의견이 나왔다. 일주일 이상 휴가를 내야 했다. 일 년에 한 번 여행 계획을 세울 때마다 '다음에'라고 하며 유럽 여행을 미뤘다. 그렇게 오 년이 지났다.

친구들과 점심을 먹고 있을 때였다. 전화벨이 울렸다. 아빠였다. 모임 중 한 아저씨의 부고였다. 건강한 줄 알았다. 병원 갈 일도 없었다. 최근 일이 많아서 거의 매일 밤을 샜다고 했다. 전날 새벽 자다가 심정지가 발생했다는 말에 귓가가 멍해졌다.

계모임 횟수가 줄다가 없어졌다. 계곡에 놀러 가면 어릴 적 계모임이 생각났다. 아이들이 비슷한 또래였다. 우리도 어른들의 계모임 날을 기다렸었다. 계곡 물소리를 들으며 눈을 감으면 우리끼리 잡기 놀이하던 때가 떠올랐다. 눈가가 촉촉해지며 가슴이 서늘했다. 타임머신이 있다면 계곡 갈 때마다 그때로 다녀올 텐데. 이런 생각을 할 줄은 꿈에도 몰랐다. 이때부터 '언젠가, 다음에, 나중에'라는 단어를 쓰지 않게 되었다.

대학교 졸업 동기 4명이 있는 단톡방에 메시지 하나가 떴다.

"이번 여름에 다들 바쁘신가?"

입가에 미소가 번졌다. 답장할 생각에 하던 일을 서둘렀다. 단톡방을 다시 보는데 메시지가 백 개 이상 와 있었다. 친구들이 서로 안부 인사를 나누다가 7월에 강원도 놀러 가자는 내용을 주고받았다. 스케줄을 확인하니 넷째 주 목, 금요일 시험이었다. 넷째 주말 가능. 메시지 하나를 남겼다. 모두 좋다고 했다. 여름이니 바다가 있는 양양으로 정했다. 일년 내내 '날 한 번 잡자.'라는 말만 주고받았다. 이번에는 1시간 만에 구체적인 여행 계획을 세웠다. 15년 만이었다.

여행가는 전날이었다. 시험을 치고 바로 출발할 생각이었다. 학교에서 공부하다 말고 집으로 와 여행 가방을 챙겼다. 하룻밤만 잘 거라 별로 챙길 것도 없었을 텐데, 몇 번이나 가방을 채웠다가 비웠다. 다음 날 3시간 운전할 생각을 하니 밤새서 공부할 수 없었다. 밤 12시쯤 집에 돌아와 누웠다.

친구들을 태워 양양으로 달렸다. 도착하자마자 바다로 갔다. 출렁이는 파도 소리를 들으며 모래 위를 걸었다. 해수욕장을 따라 줄지어 있는 횟집 중에 바다가 가장 잘 보이는 곳으로 들어갔다. 바다를 배경으로 사진을 찍고 있으니 금세 식탁이 음식으로 채워졌다. 다들 배가 고팠는지 빈 접시가 빨리 생겼다. 거의 비워지니 새로운 음식이 식탁에 놓였다. 일몰을 보며 저녁을 먹기 시작했는데, 다 먹었을 때는 캄캄했다. 수다 떠느라 두어 시간이 지나는지도 몰랐다.

숙소 가는 길에 편의점에 들렀다. 배는 불렀지만, 과자 앞에 섰다. 몇 개를 집어 들고 숙소로 갔다. 짐을 거실에 던져 두고 식탁에 모여 앉았다. 다시 수다가 시작되었다. 화장실 갈 때 말고는 의자에 앉아 있었다. 전에도 몇 번이나 들었던 이야기 같은데 귀를 쫑긋 세워 들었다. 한 명이 이제 자야겠다고 했다. 체크아웃까지 5시간 남았다고. 창밖을 보니 밝아지고 있었다. 아직 할 이야기는 남았지만 방에 들어가기로 했다. 누우니 바로 잠들었다.

체크아웃을 하고 낙산사로 갔다. 대학 시절 함께 한국 건축사 답사를 온 적이 있었다. 그때는 다들 머리만 한 카메라를 하나씩 들고 낙산사 찍느라 정신없었다. 이제는 서로 사진 찍었다. 함께 낙산사를 배경으로 단체 사진도 남겼다. 건물보다 지금 함께 있는 우리가 더 중요했다. 건물은 배경일 뿐, 더 이상 피사체가 아니었다.

15년 만이었지만 며칠 전 만난 친구들 같았다. 그동안 이틀 시간 내기가 그렇게 힘들었을까. 늘 더 편한 시간이 올 거라 생각했었다. 나이 들수록 여유는 없어졌다. 쉬는 날이면 집에서 누워 있느라 바빴다. 일을 하지 않을 때는 돈 없다고 약속 잡지 않았다. 다들 회사 이야기만 할 텐데 나가서 무슨 이야기를 하나. 친구들 만나는 게 망설여졌다. 지금도 다르지 않았다. 친구 셋은 여전히 건축 일을 하고 있었다. 그중 둘은 결혼을 했다. 살면서 다른 점이 늘었다. 학생이라 돈도 없었다. 십 년 전부터 타던 차를 타고 있었다. 더 나은 내일, 그때 돼서 하고 싶은 것을 한다고 생각하는 건 오늘을 무시하는 일이다. 하고 싶은 일이 있다면 지금 해야 한다. 만나고 싶은 사람이 있으면 지금 만나야 한다. 부모님들이 유럽 여행을 미뤘던 때를 떠올리며 미루지 않기로 했다. 지금은 내 인생에서 가장 중요한 순간이다.

8

내일 걱정 대신,
지금 할 수 있는 한 가지

"지금 맡은 일을 꾸준히 하고 있으면
다시 좋은 때가 온다며 '오늘'을 살라고 했다."

마흔한 번째 생일을 혼자 보냈다. 생일 전날 당직이었다. 밤새 할 일이 많았다. 낮에도 수술방에서 종일 서 있었다. 36시간 근무를 끝내고 곧장 집으로 갔다. 씻고 바로 침대에 누웠다. 가족들과 잠깐 통화했다. 가까이 있었으면 밥이라도 먹었을 텐데. 집에는 냉장고 소리뿐이었다. 냉장고 소리도 잠깐이었다. 저녁도 먹지 않고 잠들었다.

한 달 지나서 본가에 갔다. 오랜만에 집에서 사람 소리를 들었다. 동생에게 전화를 걸었다. 내 생일 파티를 하자며 집으로 불렀다. 일 년에 딱 하루, 생일만이라도 함께 축하하고 싶었다. 비록 한 달 지나 모두 잊었지만 말이다.

어릴 때부터 생일을 손꼽아 기다렸다. 친한 친구가 생기면 생일이 언제인지 물어봤다. 다이어리와 달력에 표시했다. 친구 생일 일주일 전부터 선물을 골랐다. 문구점에서 생일 카드도 샀다. 멀리 있는 친구에게는 편지를 써서 보내거나 전화를 했다. 내 생일이 되면 친구들의 연락을 기다렸다. 자정이 되면 연락이 오지 않은 친구에게 연락했다. 자정까지 생일 축하 메시지 보내면 된다고.

캄보디아 프놈펜에 있을 때였다. 아무도 내 생일을 몰랐다. 같이 일하는 사람들에게 알릴 수 없었다. 생일 파티라는 일을 만드는 것 같았기 때문이었다. 같은 도시에 전부터 알던 선교사가 살고 있었다. 부인과 아들 둘이 함께 몇 달 전 이사 왔다. 가끔 집에 놀러 가서 밥을 얻어먹었다. 부인은 음식 솜씨가 좋았다. 웬만한 음식점보다 맛있었다. 한국 음식이 그리울 때 놀러 갔다. 내 생일날 점심 식사 초대를 받았다. 선교사는 내 생일이었는지 모르고 약속을 잡았다. 프놈펜에서 가장 맛있는 케이크를 파는 곳을 찾았다. 케이크를 사기 위해 미리 집을 나섰다. 호텔에 있는 베이커리였다. 들어가자마자 눈이 휘둥그레졌다. 반짝이는 진열장에 알록달록한 케이크가 열 개 정도 있었다. 몇 번이나 둘러보다가 크

레이프 케이크를 골랐다. 케이크를 들고 선교사의 집으로 갔
다. 집에 들어서자마자 케이크를 들이밀었다. 밥 먹고 후식
으로 먹자고 하니 선교사의 아내가 입과 눈을 동그랗게 했
다. 무슨 날인지 물었다. 내 생일이라고 했다. 미리 말하지
않았냐고 팔을 잡아 흔들었다. 어떻게 알고 오늘 초대했냐며
그녀의 손을 두 손으로 잡았다.

식탁에 앉았다. 감자탕 냄새가 진동했다. 순간 한국에 온
것 같았다. 15년이 지난 지금도 그때를 생각하면 입안에 군
침이 돈다. 밥을 먹고 케이크를 꺼내 초를 꽂았다. 불을 붙이
니 아이들이 소리를 질렀다. 캄보디아 와서 케이크 처음 본
다며 난리였다. 생일 축하 노래를 부르는데 얼굴이 화끈거렸
다. 선교사의 가족들과 눈을 맞추고 케이크를 봤다. 혼자 있
었으면 이런 케이크를 사지 않았을 텐데. 아이들 덕분에 생
일에 케이크를 먹었다. 아이들이 케이크에 코를 박고 먹는
모습을 보니 한 조각만 먹을 수밖에 없었다. 나머지는 아이
들을 위해 남겼다. 다음에 올 때는 다른 케이크를 사오겠다
고 약속하고 집을 나섰다.

지금도 감자탕 냄새를 맡으면 그때가 떠오른다. 가슴이 뭉
클해진다. 선교사의 가족이 부담스러울까 봐 생일을 숨겼다
면 어땠을까. 다른 날과 같이 지나갔을 것이다. 케이크 덕에

 제 5 장

생일 축하도 받았다. 아이들에게도 선물이 되었다. 함께 있으면 가슴이 따뜻해지고 밝은 얼굴만 하게 되는 사람들, 내 생일 최고의 선물이다.

본과 2학년 때였다. 이상운동질환에 관한 신경과 수업 시간이었다. 미국 전문의를 따고 한국으로 온 교수였다. 뇌의 각 영역에 따른 기능에 대해 설명했다. 몸에 나타나는 증상을 보면 뇌의 어떤 영역이 손상되었는지 유추할 수 있다고 했다. 진료실에서 의심되는 부분을 진단하고, 필요한 검사를 처방한다. 뇌는 건축 설계도와 비슷하다. 화장실 세면대에서 물이 나오지 않는다면, 먼저 세면대 배관에 문제가 없는지 확인한다. 아무 문제가 없다면 설계도를 보며 화장실까지 연결되는 배관에서 어느 부분이 문제가 될지 찾아본다. 수업 듣는 동안 건축 설계하던 때가 생각났다.

교수는 수업 내내 빛나는 눈으로 우리를 보며 말했다.

"뇌가 수억 개의 퍼즐로 이루어져 있다면 지금 얼마나 맞췄을까요?"

교실에 숨소리도 들리지 않았다. 수십 개쯤 맞춰졌을 거란다. 본인의 연구가 평생 하나의 퍼즐만 맞출 수 있다면 소원이 없겠다고 했다. 평생 하나만이라도? 눈이 둥그레졌다. 수업이 끝날 때까지 교수에게서 눈을 뗄 수가 없었다. 교수는 수업이 끝나고 칠판에 전화번호와 이메일 주소를 썼다.

평생 한 연구만 해도 좋다는 교수의 눈빛이 잊히지 않았다. 이메일을 썼다. 만나서 얘기하자는 답장이 왔다. 병원 일층 카페에서 교수와 만났다. 허리를 곧게 세우고 다리를 가지런히 모았다. 양손으로 커피잔을 잡았다. 교수를 뚫어져라 봤다. 오전에 80명이나 진료를 봤단다. 머리는 부스스했지만, 눈빛은 여전히 반짝거렸다. 입은 피곤하다고 했지만, 눈은 마라톤도 할 수 있을 것 같았다. 나도 신경과할까? 일하면서 에너지가 더 생길 수 있는 건가? 무슨 과를 하든지 교수를 닮고 싶었다.

4년이 지난 지금도 교수의 눈빛은 똑같다. 작년에 출산을 하고 육아 휴직을 가졌다. 일 년간 쉬었지만 마음은 같았다. 빨리 병원으로 돌아가 진료 보고 연구하고 싶다고 했다. 나는 번아웃 증후군이 왔다고 말했다. 그럴 때가 있으니 왜 그럴까 생각하지 말라고 했다. 맛있는 거 먹고 예쁜 곳 다니며 쉬는 시간을 가지는 게 좋겠단다. 열정은 걱정할수록 멀어지는 거라고. 교수도 종종 겪는다는데 나는 본 적이 없다. 교수도 코로나 이후로 연구가 힘들어졌다. 진료 횟수가 많이 줄었기 때문이었다. 연구를 확장하기보다는 그동안 했던 연구를 재점검하고 있었다. 지금 맡은 일을 꾸준히 하고 있으면 다시 좋은 때가 온다며 '오늘'을 살라고 했다.

혼자 보낸 생일이 많았다. 친구에게 먼저 연락해서 축하를 받은 건 그리움 때문이었다. 케이크를 들고 찾아간 선교사의 집. 생일이 한 달이나 지났지만 스스로 만든 생일 파티. 함께 하고 싶은 사람들에게 먼저 손을 내밀면 그들은 주저하지 않는다. 모여 앉아 웃고 돌아서면 그들의 마음을 받아 집으로 간다. 프놈펜의 감자탕 냄새는 지금도 나를 웃게 한다.

열정도 마찬가지다. 다 식은 줄 알았던 마음이 교수 덕분에 다시 데워졌다. 번아웃이라고 말했을 때 교수는 조용히 미소를 지었다. 쉬어가는 시간이라고. 계속 뛰기만 할 수는 없다고. 번아웃에서 벗어나 다시 시작하는 건 큰 결심이 필요하지 않다. 오늘을 잘 살아보려는 마음 하나로 충분하다. 사람들 덕분에, 일 덕분에, 나 덕분에 오늘도 나는 다시 시작할 수 있다.

주인공은
'변신'이 아니라 '연습'이다

요즘도 가끔 그런 날이 있다. 내 삶을 내가 끌고 가는 건지. 아니면 일이 나를 끌고 가는지. 헷갈리는 날에는 그 자리에 멈춰 선다. 혼자 이 질문을 중얼거린다. 그렇다는 대답이 바로 나오지 않으면 이 책을 쓰기 시작했을 때를 떠올린다. 내가 어디로 가고 있는지 몰랐다. 열심히 일을 하지만 왜 열심히 하는지 잊었다.

잦은 당직. 반복되는 일상. 텅 빈 집. 홀로 보낸 생일. 시간이 갈수록 가슴이 횅했다. 어릴 때는 생일만 기다렸다. 어느 순간 내 생일 케이크를 스스로 사고 있었다. 초라할 줄 알았는데 정반대였다. 누군가에게 먼저 다가갈 수 있는 용기가 생겼다. 함께하고 싶은 사람들과 기억에 남는 시간을 보낼 수 있었다. 지금까지도 감자탕 냄새를 맡으면 아이들의 웃음소리와 함께 입초리가 올라간다. 어쩌면 그날부터 나는 내 삶의 무대 위로 올라가는 방법을 배웠다. 주저하지 않고 조명이 비추는 자리에 설 줄 알았다.

이 책을 쓰면서 무너진 마음을 쏟아냈다. 하나씩 꺼내어 놓으면서 달라졌다. 넘어져서 일어날 생각이 없는 줄 알았는데 반대였다. 포기하고 싶은 마음이 하나 나오면 일어서고 싶은 마음이 하나 생겼다. 글을 쓰면서 좋은 습관이 생겼다. 새벽 5시 반. 알람이 울리고 잠에서 깬다. 머리가 지끈거린다. 운동복을 입고 운동화를 신고 밖으로 나간다. 삼십 분 정도 달린다. 새 소리도 사람들 소리도 상쾌하다. 전날 나를 괴롭혔던 일이 생각이 나지 않는다. 집으로 들어오면 두통은 온데간데없이 사라진다. 씻고 책상 앞에 앉는다. 잠시 눈을 감고 생각을 버린다. 노트에 글을 몇 글자 끄적거린다. 노트를 덮고 건강한 아침 식사를 챙긴다. 출근한다. 출근하는 발걸음이 가볍다. 신나는 노래를 흥얼거린다.

지금 나는 내 인생의 주인공으로 살고 있는가?

주인공으로 살아간다는 건 스스로를 아는 것부터 시작된

다. 하나씩 알아가는 과정이 필요하다. 열심히 살았지만 삶의 방향을 잃었다. 누군가가 정해준 기준에 맞춰서 살려고 애썼다. 멈추고 싶은 나를 다그쳤다. 지쳐갔지만 모른 척했다. 그러다 문득 위의 물음이 머릿속에 가득 찼다. 그 질문 하나가 내 일상을 바꾸었다. 하루가 변하면서 나도 달라졌다.

나는 나를 알아가기 위해 매일 기록했다. 글을 쓰기도 하고 사진을 찍기도 했다. 누군가에게 보여주기 위한 것이 아니었다. 나 스스로를 마주했다. 감정을 쏟아냈다. 좋은 것이든 싫은 것이든 일기장에 쓰고 나면 마음이 가벼워졌다. 쫓기듯 살았던 순간 일시정지 버튼을 누른 것 같았다. 잠시 서서 나를 돌아볼 시간이 생겼다.

같은 일을 하더라도 주도적으로 했다. 더 이상 눈치 보지 않았다. 주눅 들지 않았다. 달라진 아침 때문이었다. 출근 전 십 분이라도 나만을 위한 시간을 갖는다. 그날 하루 더 단단해진다. 운동도 마찬가지였다. 몸을 움직이니 땀이 났다. 땀이 흘러내리면서 생각도 같이 빠져나갔다. 씻고 나면 아무 생각이 들지 않았다. 전날 어깨에 메고 들어왔던 짐이 없어졌다. 시간이 갈수록 단단해졌다.

나에게 친절해졌다. 스스로를 일에 파묻지 않는다. 열심히 하지 않으면 뒤처진다고 다그치지 않는다. 힘든 이유를 찾는

다. 우는 소리도 들어준다. 어깨도 도닥인다. 숨도 고른다. 안간힘 쓰지 않아도 괜찮다고. 잘하고 있다고. 버티는 것만으로도 최선일 때가 있다고.

나를 돌볼 수 있게 되었다. 쉬는 날이면 혼자 여행을 갔다. 평소 하고 싶던 운동을 했다. 책을 읽었다. 글쓰기도 했다. 진짜 휴식과 가만히 누워서 나를 방전시키는 시간을 구분했다. 내가 좋아하는 일을 찾아 했다. 충전할 수 있는 휴식을 찾았다.

다른 사람들과의 관계도 좋아졌다. 만나고 싶은 사람에게 먼저 연락했다. 도움받고 싶은 사람에게 도와달라고 했다. 기대고 싶은 사람에게 다가가 기대었다.

특별할 거 없는 날에도 의미가 생겼다. 하루하루가 나답게 살아가는 과정이다. 때론 넘어지기도 한다. 주저앉아 울기도 한다. 혼자 일어서기도 하고 누군가의 손을 잡기도 한다.

이 책을 읽는 당신에게도 내 인생 주인공으로 사는 여정이 시작되길 바란다. 자기 삶의 중심에 자신을 두는 사람이 되었으면 한다. 매일 한 걸음이면 가능하다. 이제 당신 차례다. 매일 한 걸음만 자신의 무대로 향해 걸어가면 된다.